U0830361

学习·知行

——北方工业大学师生学习党的创新理论成果集

北方工业大学　编

中国农业大学出版社
·北京·

内 容 简 介

本书精选了北方工业大学师生学习党的创新理论获奖征文和青年师生投身社会实践优秀调研成果,笔写真情、脚踏实地,集中展示了北方工业大学人学思用贯通、知信行统一的扎实学风和务实作风。通过一篇篇文章,我们能够感受到流淌在文字中对祖国的真挚热爱和对新时代的真情实感。文章贴近实际、贴近生活、贴近师生,弘扬主旋律,传递正能量,具有较强的思想性、时代性和可读性。

图书在版编目(CIP)数据

学习·知行:北方工业大学师生学习党的创新理论成果集/北方工业大学编. 北京:中国农业大学出版社,2024.7. --ISBN 978-7-5655-3234-4

Ⅰ.D26-53

中国国家版本馆 CIP 数据核字第 202489BF59 号

书　　名 学习·知行——北方工业大学师生学习党的创新理论成果集
Xuexi · Zhixing——Beifang Gongye Daxue Shisheng Xuexi Dangde Chuangxin Lilun Chengguoji

作　　者 北方工业大学　编

策划编辑 潘晓丽　韩元凤　　**责任编辑** 韩元凤

封面设计 李尘工作室

出版发行 中国农业大学出版社

社　　址 北京市海淀区圆明园西路 2 号　　**邮政编码** 100193

电　　话 发行部 010-62733489,1190　　读者服务部 010-62732336
编辑部 010-62732617,2618　　出　版　部 010-62733440

网　　址 http://www.caupress.cn　　**E-mail** cbsszs@cau.edu.cn

经　　销 新华书店

印　　刷 河北虎彩印刷有限公司

版　　次 2024 年 7 月第 1 版　2024 年 7 月第 1 次印刷

规　　格 175 mm×247 mm　16 开本　14 印张　251 千字

定　　价 58.00 元

图书如有质量问题本社发行部负责调换

编者名单

主　编　高国伟

副主编　孙宗瑞　杨　超　陈国秀

参　编（按姓氏笔画排序）

王文革　王伟宾　王昕宇　左芳舟　刘　姝

刘文楷　李颖宏　杨　姣　杨志辉　吴天戈

张　煜　张少波　张茂林　陆宽宽　姜亚东

贺佳贝　袁凤识　彭祥敏　靳现凯　靳佳朔

熊佳全

前 言

历史的如椽巨笔，常常在重要的时段上留下浓墨重彩的篇章，党的二十大就是这样的一部精彩华章。从全国人民热切期盼盛会召开，到大会吹响时代号角，发出时代强音，擘画出未来中国发展的宏伟蓝图，再到全党全国各族人民深入学习领会党的二十大报告和党章等重要文件以及其中蕴含的重要思想、重要观点，学深悟透精髓要义，以饱满的热情投身伟大变革的实践，每一个过程都振奋人心，每一个过程都充满激情，每一个过程都值得回味。

北方工业大学牢记铸魂育人使命，落实立德树人任务，组织师生开展了形式多样的活动，以实际行动深入贯彻落实党的二十大精神。

征文献盛会，笔墨显真情。学校开展“奋进新征程　建功新时代”主题征文活动，学习贯彻党的二十大精神，引导广大师生奋进新征程，展现新作为，建功新时代。活动得到了全校师生积极响应，一篇篇充满真情、生动感人的作品展现在我们面前，几天的时间，我们就收到了 800 多篇投稿作品。大家谈感受、讲体会、说故事，小文章包含真情感，小故事诉说大成就，小细节折射大变化，体现了全校师生对党的诚挚热爱、对国家的深厚情感、对美好未来的热切期盼。应该说，每一篇征文都是作者用心在书写，都能触动我们的心灵，但是毕竟篇幅有限，虽然心有不舍，编者还是经过了认真筛选，最终精选了 46 篇入编本书第一部分和第二部分。

行走京华大地，感悟思想伟力。为深入贯彻落实习近平总书记关于青年工作的重要思想，引领广大青年师生坚定信念听党话、跟党走，在社会课堂中“受教育、长才干、作贡献”，2023 年学校围绕“学习党的二十大　永远跟党走　奋进新征程”主题，组织安排青年师生投身火热社会实践。各团队充分发挥专业特色和资源优势，通过走访调研、人物访谈、理论宣讲、志愿服务、社会调查、文化宣传、合作共建、见习实习等多种形式，积极融入服务首都高质量发展，融入社会实践，发挥智力优势，深化实践育人，深入乡村一线，助力乡村振兴，走进红色基地，感悟思想伟力，凝聚奋进力量，在社会课堂中受教育、长才干、作贡献，在实践中探新路，在奋进中谱新篇，形成了一批高质量的社会实践成果，取得了良好社会效益和广泛社会影响。

本次入编本书第三部分的19篇调研报告，是从学校获奖的50篇优秀调研成果中精选出来的，优中选优，每一篇都有很深的教育意义和指导意义。

文集名《学习·知行——北方工业大学师生学习党的创新理论成果集》，旨在通过文字形式存留广大师生学习感悟，通过文字的形式记录师生投身社会实践成果，以“知”促“行”，以“行”促“知”，知行合一，在实践中思考理论问题，上好一堂堂行走的“大思政课”。

知行并进，方能致远。学习无止境，行动不停歇。在学习践行党的创新理论的道路上，北方工大人的脚步铿锵有力，奋勇前行！

编 者

2024年1月

目　录

第一部分

喜看发展变化，体验美好生活

党的二十大精神促通州飞速发展

2012 年 6 月,北京市第十一次党代会提出将北京通州建设成功能完备的城市副中心。建设北京城市副中心,不仅符合习近平总书记在党的二十大报告中提出的“促进区域协调发展”“推进京津冀协同发展”的规划部署,也有利于促进通州的各方面发展,满足调整北京空间布局、治理大城市病的需要。在 2023 年,通州已经脱胎换骨,逐渐成为功能完备的城市副中心。作为土生土长的通州人,我亲身感受到通州在这十几年发生的翻天覆地的变化。

2016 年,北京理工大学与我的初中母校通州区潞州中学联合办学。学校组建了一支富有经验和能力的教师团队,并开设了国学班和科技班,为学生提供更加完备的教育资源。学校还接连新建了符合田联标准的运动场、规模宏大的体育馆、多彩智能的科技馆、富有文学气息的书法教室和美术教室。毕业后,我有幸在校园科技节重访学校,身临其境地在 3D 打印机前看到一辆模型汽车横空出世,看到学弟学妹们制造的模型飞机在天空中翱翔。这不禁让我感叹,昔日的母校已经飞速发展,教育水平大幅提高,实现了北京城市副中心优质教育资源快速增长。此外,城市副中心行政办公区周边还规划了十余所中小学和幼儿园,通州的教育资源得到均衡满足,各年龄段都能享受到丰富、专业的优秀教育资源。

通州近年新建了万达广场、爱琴海购物公园、环球影城等商业建筑。万达广场的金街上汇聚了琳琅满目的小吃,是我们通州人外出聚餐的不二选择。环球影城更是自从开园起客流量就一直不断。据统计,环球影城每年接待游客数量为 1 000 万~1 200 万人次,将促进高端文旅商产业聚集,在园区周边形成 5~10 千米半径的产业强势影响区和 30 千米半径的产业联动影响区,为城市副中心乃至北京经济发展增添新引擎。

所谓“衣食住行”,人们的生活离不开便捷的交通。身为通州人,因为在石景山上学,我几乎每周都要跨越大半个北京。大一的时候,在四惠站换乘是最令我头疼的事情。现在,通州增加了直通石景山线路,和过去相比,减少了换乘的耗时,极大地方便了我的通勤。

2017年年底，为响应北京的非首都功能疏解政策，安贞医院在通州区开工建设。这不仅意味着全市医疗资源布局更加优化，优质医疗保障辐射京津冀地区，同时也提升了通州区整体医疗水平。

副中心的建设是在党的二十大精神的鼓舞下推进的。党的二十大胜利闭幕后，党的二十大代表、北投集团党委书记、董事长李长利立即返岗传达大会精神，将深刻感悟切实转化为推动副中心建设的行动力。眼下，城市副中心"三大建筑"——副中心剧院、图书馆、博物馆修建工程进展迅速，正冲刺2023年底前完工。建成后，"三大建筑"将成为城市副中心的文化中心、活力中心、市民文化休闲娱乐中心，成为通州的新地标。在修建"修建工程"的进程中，施工团队时刻秉承党的二十大报告提出的"在全社会弘扬劳动精神、奋斗精神、奉献精神、创造精神、勤俭节约精神"。北京建工施工队队长王威带领工友们全力确保节点目标完成。他说："对一线工人来说，贯彻落实党的二十大精神，就是把手里的活儿干到最好！"党的二十大报告还提出"加快建设制造强国、质量强国、航天强国、交通强国、网络强国、数字中国""必须坚持科技是第一生产力、人才是第一资源、创新是第一动力"。城市副中心剧院工程建设单位北京建工集团的会议室里，北京城市副中心剧院工程的管理人员与工人观看党的二十大开幕会盛况。北京城市副中心剧院工程正是打造质量强国，数字强国的典范。项目经理吴良良说："我坚信，未来，智能制造技术仍将大显身手，祖国一定会越来越强。"北京城市副中心站综合枢纽的建设体现了"交通强国"的理念。目前，北京城市副中心站综合枢纽主体结构完成过半，建成后将是亚洲最大的地下综合交通枢纽，"轨道上的京津冀"将更加通达。

副中心在发展经济的同时，也不忘践行生态环保理念。党的二十大报告指出："必须牢固树立和践行绿水青山就是金山银山的理念，站在人与自然和谐共生的高度谋划发展。"通州有不少历史文化遗产，"无恙蒲帆新雨后，一枝塔影认通州"就是诗人王维珍描写通州西海子公园中燃灯塔的诗句。2022年，大运河文化旅游景区正在全力创建京城东部首个5A级旅游区，运河畔四景区——大运河森林公园、运河公园、西海子公园葫芦湖景点片区、燃灯塔和周边古建筑群将实现水陆皆连通的盛景。

未来，城市副中心将着力打造创新发展的重地、改革开放的要地、投资兴业的福地、营商服务的高地。更多优质企业将走进副中心、了解副中心、推介副中心，在更高层次、更广范围、更深程度参与城市副中心建设，把握历史机遇，共享发展红利。

沿着习近平总书记指引的方向，城市副中心——通州将以时不我待、只争朝夕的精神状态,拔节生长、阔步前行,将宏伟蓝图一点点变为现实画卷。我作为一名通州人,目睹着通州的飞速发展,我期盼随着“以副辅主、主副共兴”格局的加快形成,城市副中心也作为北京新的重要“一翼”振翅翱翔、展翅腾飞。

(文法学院日语20-2　肖嘉怡)

奋进新征程　建功新时代

“没有共产党就没有新中国……”每当唱起这首歌，我的心中便涌起一股澎湃的激情，充满对中国共产党的敬仰。

今年我学习了《党的二十大辅导读本》这本书，让我对党的二十大有了进一步的了解和认识，也让我对中国共产党的历史有了进一步的认识。

或许是受老一辈人的影响吧，我特别喜欢看革命题材的电视剧和电影。这些电视剧和电影里面出现的一个个优秀人物，像王二小、刘胡兰、小兵张嘎等，让我印象深刻，使我从小对这些英雄人物就特别崇拜，因为我觉得这种浴血奋战、不怕牺牲的精神值得我们学习。在看了很多革命题材的电视剧和电影后，我觉得中国共产党的历史就是一部“敢教日月换新天”的革命史。从抗日战争到解放战争，再到抗美援朝战争，在那些烽火连天的战争岁月中，中国共产党团结带领全国各族人民救亡图存、浴血奋战，无数革命先烈为了民族独立、人民解放，抛头颅，洒热血，绘成了惊天地、泣鬼神的壮美画卷，拯救了处在水深火热中的中国人民，换来了如今这难能可贵的和平与安宁。

尽管烽火连天已成昨日，但是2020年中国却经历了一场没有硝烟的抗疫战役，至今让我难以忘怀。面对突如其来的新冠肺炎疫情，中国共产党领导中国人民，风雨同舟，众志成城，同心抗疫，绘就了团结就是力量的时代画卷。中国共产党人始终坚持“人民至上、生命至上”的原则，不惜一切代价救治病患，守护人民的生命安全。

我们今天的幸福生活，是革命烈士们用他们的鲜血，甚至是生命所换来的，历史告诉我们，弱小就会被欺负。在中国共产党的领导之下，中国走过了从站起来到富起来再到强起来的伟大历程。嫦娥探月、蛟龙深潜、神舟飞天、北斗领航都是发展道路上的璀璨明珠。

家乡的小村庄，以前有一些贫困户。这几年，我经常看到很多党员干部去“精准扶贫”，他们不怕苦、不怕累，上门帮扶，真正帮助这些贫困户脱了贫。家乡的扶贫故事，让我深深感受到，中国共产党的历史就是一部“一枝一叶总关情”的奋斗史。正如新中国成立初期,中国共产党团结和带领全国各族人民艰苦奋斗,彻底改变了中国一穷二白、积贫积弱的落后面貌;改革开放以后,城市化进程加快,中国的面貌再一次发生了翻天覆地的变化。翻开新时代的篇章,中国共产党领导中国人民实现了从站起来、富起来到强起来的伟大飞跃。

暑假我参加社区的八一建军节慰问抗战老兵活动,采访的抗战老兵是抗美援朝时期的老兵。提起他的名字你可能不记得,但是提到他的战友你就一定知道,他的战友是董存瑞,他给我们讲解董存瑞当时带领先锋队,扛着炸药包冲锋,他的战友都倒在敌人的机枪下,董存瑞也被敌人的子弹打到了,倒在地上,董存瑞又爬起来了,爬到了敌人碉堡前,发现没有支点就用自己的身体当支点,最后与敌人同归于尽,为胜利扫清了障碍。

我们青少年对于党史的学习还不够多,加强学习显然十分必要。我决心学好党史,去真切感受中国共产党人感天动地、无穷无尽的信仰的力量。“少年强,则国强”,我要勤奋学习,立志成才,争做担当民族复兴大任的时代新人。

(信息学院计科 21-1　王佳)

丰年蛙声的美好

“稻花香里说丰年,听取蛙声一片。”正是对我们当下生活环境的描述。生在新中国,长在红旗下,这句话小时候就耳熟能详,可对于其中的含义,我却从未有过深刻的体味。毕竟我既没经历过革命年代的洗礼,也体会不到更迭的日新月异,直到 2019 年,我来到了加拿大。

2019 年我在国家留学基金委的资助下,远赴加拿大滑铁卢大学访学一年。正是这访学的一年,让我深深地感受到了祖国的强大和富强,深刻感受到了我们生在新中国,长在红旗下是有多么的幸福,也切实地理解了异国他乡的游子们每逢佳节倍思亲的思乡之情。

记得我刚到这座小镇的时候,正值寒冬腊月,大雪纷飞。我下飞机后打车到定好的房子,在路途中,由于里外温差和湿度都极大,前挡风玻璃一直雾蒙蒙的,这使后座的我根本看不清前路。在这么不好的路况下,我一直都紧绷着神经,14 小时的飞机旅途几乎没睡,车上更是半点不敢放松。在纷飞大雪的陪伴之下,我终于安全抵达了目的地,正式开启了为期一年的加拿大生活。

虽说滑铁卢当地的居民很热情,有问题、有需要他们都会耐心解答和提供帮助,但除了语言不便外,就餐、网购、交通等诸多方面亦有不便。例如,我居住在学校附近,外出就餐应该会很便利,但是那里并没有国内的经济实惠食堂,外卖和饭店价格也非常不亲民,大学校园里也仅有提供面包咖啡之类食品的餐厅,简单的温饱需要花费很多,当然也无法满足我的中国胃,这些都跟国内相差甚远。网购也非常不便,绝对不会有京东那样朝发夕至的神速,一周能收到恐怕就算是高效了。为了在那里也能享受人间烟火气,我决定置办锅碗瓢盆,网购慢,只能去超市置办了。当然第一次去超市购物也让我充分体验了一把交通不便,在 −20 ℃且大风呼啸的天气里,我在公交站牌下等了快 1 小时。那种彻骨的冷,是长在红旗下的我从来没体验过的,也没想过公交竟会这么久才来一趟。当我坐上久等的 7 路公交,并没有我预期的轻松,因为路线牌上并没有我家附近的站点。我选择在最近站点下车,导航线路,这次是花了半小时才坐上了导航告诉我的线路。在车上,我不解地就刚遇到的情况问了旁边座位的人,原来同样是 7 路,是要分 a、b、c 的,而且周日的公交间隔特别长,需要看好时间再出发。这次的挨饿受冻让我长足了经验,国情差别大,这不是我熟悉的"新中国",凡事不能经验主义,这里的公交是定时发车,不是国内每隔几分钟就发一趟,不需看时间出门。

遇到的这个小坎坷,让我更加热爱怀念祖国,拥有如此庞大人口的新中国,交通很是便利,这个经历让我感恩中国公交的高频,快递的高效,外卖的便捷,饭店的实惠。

在滑铁卢生活的这一年里让我震撼的一次体验是当地有轨电车的开通,它始建于 2014 年 8 月,正式开通是在 2019 年 6 月。历时 5 年多,开通了一条长度为 19 千米的有轨电车。电车正式运行前,差不多一个月的时间,到处都可以看到它要运行的宣传。开通当日,整个小城沸腾了,这可是当地的头号大事,有庆祝队伍,有欢庆礼物,爱凑热闹的我自然也去了欢庆现场。那场面可谓隆重,政府白天送给所有欢庆人民一些有轨电车模型、电车线路图这样的礼物,晚上还有烟花庆典。然而,它只不过是时速不超过 88 千米/时,且总长不到 20 千米,历时 5 年多,修建速度不可谓不慢的电车。甚至试运行期间,前后门还经常发生夹人事件。这让来自中国的我大感不可思议。在现在的中国,还没听过哪个城市同样长度距离的轨道建设项目需要这么久,也没有哪个城市的居民因为哪条轨道交通运行而这样隆重地庆祝,这一切是因为我们对轨道交通建设工程的习以为常。在中国,我们身边的变化无时无处不在发生,以至于我们把这种日新月异当作常态。

加拿大地域广阔而富饶,人口又很少,矿产资源丰富,并没有发展的紧迫性,而拥有众多人口的中国,首先需要解决 14 亿人口的温饱,然后才能发展,这是多么具有挑战性的任务!而我们仍能大步向前,正是中国共产党英明正确的领导和全国各族人民团结奋斗的结果。

中国共产党从建党初期的 50 多名党员迅速发展到现在的 9 800 多万名党员,这也是党的魅力体现,作为一名光荣的中国共产党党员,我深感自豪。中国共产党从小到大,从弱到强,从苦难到辉煌,始终矢志践行初心使命,为中国人民的幸福生活,为中华民族的伟大复兴而奋斗。全国人民在共产党的领导下,万众一心,在社会主义建设事业的道路上不断取得新的成就。党的十一届三中全会以来,在党中央改革开放政策的正确领导下,我国社会主义建设事业取得了飞速发展。强大的制造能力和强大的国力使人民的生活安定得到了坚强的保障。党的十八大以来,以习近平同志为核心的党中央带领全国各族人民,取得了举世瞩目的伟大成就。一切向前走,都不能忘记走过的路。走得再远、走到再光辉的未来,也不能忘记走过的路，不能忘记为什么出发。

历史是最好的老师。中国能发展如此快，与党中央历来重视党史学习教育是息息相关的。党中央向来注重用党的奋斗历程和伟大成就鼓舞斗志、明确方向，用党的光荣传统和优良作风坚定信念、凝聚力量。我们深刻认识到，中国共产党的历史是一部丰富生动的教科书，是中国近现代历史中最为可歌可泣的篇章，我们应该倍加珍惜党的历史，深入研究党的历史，认真学习党的历史，全面宣传党的历史，以史鉴今、促进后续发展。

中国共产党已经走过的一百年，是矢志践行初心使命的一百年，是筚路蓝缕奠基立业的一百年，是创造辉煌开辟未来的一百年。在一百年的接续奋斗中，党领导人民创造了伟大历史，铸就了伟大精神，形成了宝贵经验，使中华民族迎来了从站起来、富起来到强起来的伟大飞跃，创造了中华民族发展史、人类社会进步史上的伟大奇迹。回望过往的奋斗路，眺望前方的奋进路，必须把党的历史学习好、总结好，把党的成功经验传承好、发扬好。我们要深刻认识到，在全党开展党史学习教育，是牢记初心使命、推进中华民族伟大复兴历史伟业的必然要求，是坚定信仰信念、在新时代坚持和发展中国特色社会主义的必然要求，是推进党的自我革命、永葆党的生机活力的必然要求。

习近平总书记在庆祝中国共产党成立95周年大会上的讲话教导我们说："明镜所以照形，古事所以知今。"我们回顾历史，不是为了从成功中寻求慰藉，更不是为了躺在功劳簿上、为回避今天面临的困难和问题寻找借口，而是为了总结历史经验、把握历史规律，增强开拓前进的勇气和力量。学习历史是为了走向更好的未来，百年征程波澜壮阔，百年初心历久弥坚。从建党的开天辟地，到新中国成立的改天换地，到改革开放的翻天覆地，再到党的十八大以来党和国家事业取得历史性成就、发生历史性变革，根本原因就在于我们党始终坚守了为中国人民谋幸福、为中华民族谋复兴的初心和使命。通过在全党集中开展党史学习教育，更好总结历史经验、认识历史规律、掌握历史主动，更好传承红色基因、牢记初心使命、坚持正确方向，更好深入学习领会习近平新时代中国特色社会主义思想，进一步统一思想、统一意志、统一行动，我们就一定能够建设更加强大的马克思主义执政党，在新的历史起点上奋力夺取新时代中国特色社会主义伟大胜利！

2022年，党的二十大胜利召开，同时也是实施"十四五"规划、全面建设社会主义现代化国家的重要一年。当前，世界百年未有之大变局正加速演进，我国正处在实现中华民族伟大复兴的关键时期。面对前进道路上的各种风险挑战，只要我们紧密团结在党中央的领导下，不断用党的历史和党的创新理论武装自己，不断提高和增强有效履行新时代使命任务的能力和本领，就一定能战胜一切艰难险阻，在新时代开拓前进，以彻底的自我革命精神、以优异成绩迎接党的二十大胜利召开，为实现第二个百年奋斗目标、实现中华民族伟大复兴的中国梦而不懈奋斗。祝福我们伟大的祖国繁荣昌盛，丰年蛙声年年有！

（理学院教师　隋丽丽）

共产党“金太阳”下高原小城的蜕变

“共产党像太阳，照得大地辉煌，人间处处正能量，爱你的歌儿天天唱”这是2021年8月刷爆我朋友圈的玉树州成立70周年宣传片——《人民多么幸福》的片头曲，短片从人民生活、城市硬件设施、自然生态环境展示了在共产党“金太阳”的光辉照耀下，玉树人民生活多么幸福。

青海玉树是我的家乡，地处世界第三极，雪山、草原、黑牦牛组合式的高原独特景观，白塔红庙的神秘与宁静，珍禽异兽的唯一家园让这里被外面的人向往，但地处高原、气候恶劣、交通不便等一系列原因让这里一直以来极为贫困。

2010年4月，地震赶在春天前来到了玉树，顷刻间，玉树上空黄土漫天飞扬，昔日的可爱家园化为了一片废墟，在玉树人民“流离失所”之时，中国共产党领导人民为玉树重建家园，仅仅用3年时间就让玉树人民结束了帐篷生活，重新住进温暖的房子，彻底摆脱灾民身份，真正体会到幸存者的意义。

当全国开展一场声势浩大的脱贫攻坚工作时，玉树也在中国共产党领导下开始“重生”之旅。如果说脱贫攻坚是一场战争，那么玉树的脱贫攻坚就是一场硬战。这里高寒边远，生存条件恶劣，“晴天一身灰，雨天一身泥”是人们出行面临的窘境，而且牧民受教育程度低，对新事物、新变化接受能力差，所有工作在这里难以进行。中国共产党深刻剖析导致这里贫穷的“病因”，“对症下药”，迎难而上，施行一系列精准的扶贫政策，让玉树实现了“涅槃重生”。

几年前，在牧区相隔几百公里才能遇见一家商品单一、价格昂贵的小卖部，以致大部分牧民不得不定期到县城里采购生活必需品。在党的精准扶贫之下，村里如今就有村集体经济式的合作社超市，从日常生活用品到瓜果蔬菜应有尽有，不仅很好地满足了村民的基本需求，丰富了村民生活，而且为村民提供了极大的方便，不用再长途跋涉去城里采购，更令人欣慰的是超市的工作人员都是当地无业的牧民，合作社就地解决了一些人的生计问题，超市还会帮助售卖牧民在闲暇时编织的牦牛鞭、酥油灯芯等，鼓励牧民通过自己的双手创收。合作社是牧民的福音，每年年底分红时，牧民们纷纷驱车赶来，除了现金，还有食用油、大米等，牧民们你一袋我一桶地满载而归,准备迎接新的一年。高原的冬天固然寒冷,但共产党的精准利民政策暖进了人民的心窝子。教育脱贫更是在如火如荼地进行,“异地办班”是在党的领导下玉树脱贫攻坚的主打特色,我本人也有幸成为此项政策的受惠者。中考后,我和家乡的80位小伙伴来到北京学习,我们有个令人感动的名字——玉树北京班。3年后,玉树北京班创造了玉树州高考历史最高分,在党的大力扶持下,我们圆了大学梦,玉树的未来发展也有了无限可能。

中国共产党领导人民摆脱地理、历史原因带来的限制,着力于民生,让玉树的百姓感受到种种实实在在的福利。5年间,玉树从“三区三州”深度贫困地区蜕变为“魅力中国城”,玉树学子有机会接受更好的教育,玉树人民的生活蒸蒸日上。从2010—2021年,玉树在共产党带领下通过灾后重建、脱贫攻坚实现了重生。

如今这座云端小城朝气蓬勃,有志青年加工农产品创业,特色景观、生态公园不断吸引游客,扶贫搬迁造福千万家。在澜沧江源头坐落着一排排藏式风格浓郁的小楼,这是一个扶贫搬迁安置点——牧人希望家园,小区里有一座“感恩亭”,亭门处赫然刻着7个大字“脱贫不忘共产党”,亭内“黄发垂髫,并怡然自乐”。

两会期间,习近平主席在听玉树代表讲述玉树发展情况时说:我很牵挂玉树,玉树的将来会更好。主席的这句话一度刷爆了玉树人的朋友圈,党的牵挂和关怀让今天的玉树告别了昔日的贫困,完成了华丽的蜕变。未来,在党的领导下也一定会有更多的幸福瞬间刷屏玉树人的朋友圈。

(文法学院中文20-1　扎西永藏)

共访雍和宫

清明前后，本着学院号召班团一体化建设的初衷，班级组织了前往雍和宫踏青祈福的团建活动。作为国际学院的学生，为了促进文化交流与拓宽多元的视野，我们邀请了外教西沃恩与我们共同参观，探讨文化的碰撞与交流。

下午3点10分，结束课程的我们踏上了这次别样的旅途。一路花红柳绿，微风习习，在乘车驶向雍和宫的路上，西沃恩提出了很多平时得不到答案的问题。她开玩笑地将自己比作恐龙，因为她本国手机使用的局限性导致移动支付和便捷的打车都难以体验。她对北京现在的蓝天更是赞不绝口。这得益于多年来的规划与改革。

伴着交流和窗外的熙攘，窗外高耸入云的大楼逐渐变成了青砖灰瓦的单层胡同。已然接近前门大街了，伴着一个转角，气派的法轮殿呈现在了我们眼前。从南门踏着青砖漫步进雍和宫的大门，两侧红墙和琉璃瓦暗淡的色彩阐释着他们走过的几百年光阴。我们来到主殿旁，屋檐上的角兽看着来来往往祈愿的人们，浓郁的宗教氛围笼罩在这片土地的上空。感叹着岁月气息的同时，这些修缮后的建筑又充盈着新生的韵律。几百年的破损在能工巧匠手中恢复了原本的样貌，用新时代的技术帮助古老的建筑新生。随着一次次朝代更替，寺庙的样式伴着民间风情一次次改变，这恰恰应和了文化发展与交融。中国文化向来本着包容和交流的态度，带着海纳百川的特性接纳各种文化，实现自我的创新性发展与转化。传统文化适应新时代正是中国式现代化的体现。

出了雍和宫，我们穿过夫子庙前的胡同，徒步去南锣鼓巷。西沃恩表示她很喜欢在北京的胡同里漫步，享受这种静谧的气氛。走出窄巷左转，一瞬间繁华与熙攘扑面而来。路上车水马龙的车流与古朴气息的街道对比，霓虹灯在青瓦灰墙旁闪烁，交错出一种不可言说的独特。这种韵味是六朝古都的文化底蕴和时代发展的融合，是国际都市的独特风貌，只可意会却不可言传。

面向世界，我们要更全面地开放与融合。在实现小康社会后的当下，我们正在以世界大国的姿态向全面实现社会主义现代化迈进。以传统文化的底蕴用最多元最包容的视角深化开放与改革,实现创新性发展与创造性转化。

从 2022 年到 2035 年,这是属于我们的新时代,是属于中国的新时代。

(伦敦布鲁内尔学院土木 22-1　余华鲲)

厚植家国情怀　点滴体现担当

作为一名在沈阳长大的东北人，我从小就听长辈讲述过有关“九一八事变”的历史。每年城中响起的警报声便显得尤为刺耳，同时也甚为心痛。因为这声音时时刻刻在提醒我们，日本军国主义悍然发动“九一八事变”侵占东北三省，艰苦卓绝的14年抗日战争就此拉开序幕，无数中华儿女抛头颅洒热血，最终将日本帝国主义赶出中华大地，实现了民族独立和人民解放。

一个优秀的民族，必定是一个尊重历史的民族；一个优秀的民族，也必定是一个牢记历史的民族。曾经沉重而痛苦的记忆，给予人们太多的忧伤、悲愤和思索。中国人不应该、不可能、更不可以忘记！正义和邪恶、文明与野蛮、爱与恨、和谐与暴力被定格在这段屈辱的历史上，痛定思痛才是民族复兴的开始，它时刻警示着我们每一位中华儿女永不忘国耻，民族当自强！

历史的长卷，总是在砥砺前行中铺展出恢宏的气象；时代的彩笔，总是在接续奋斗中书写璀璨华章。在以习近平同志为核心的党中央的坚强领导下，现在的中国，山河无恙，烟火寻常，这盛世如先辈们所愿。

习近平总书记在党的二十大报告中强调：“我们党立志于中华民族千秋伟业，致力于人类和平与发展崇高事业，责任无比重大，使命无上光荣。全党同志务必不忘初心、牢记使命，务必谦虚谨慎、艰苦奋斗，务必敢于斗争、善于斗争，坚定历史自信，增强历史主动，谱写新时代中国特色社会主义更加绚丽的华章。”总书记的讲话，视野宏阔，贯通现实和未来，展现了马克思主义政治家的格局和气度，体现了强烈的历史担当和炽热的为民情怀，具有很强的时空穿透力、理论说服力、心灵震撼力，是指引我们奋进新征程的科学纲领和行动指南。

通过系统学习党的二十大报告，我个人在理论学习层面有了质的提升。更全面地了解到党的十九大以来的5年，党的十八大以来的新时代10年，在以习近平同志为核心的党中央领导下，全国各族人民在经济、政治、文化、社会、生态文明及党的建设等方面取得的巨大成就和伟大变革；深刻领会了习近平新时代中国特色社会主义思想的丰富内涵、科学体系、精神实质、实践要求；进一步认清了新时代中国特色社会主义的本质特征、发展规律、实现路径,真正地树立了精神旗帜,坚定了政治信仰。

身为一名高校教师,一名党员,我一直深知在我国迈入新时代之际、学校和团队进入发展关键期之时,更应当在教育工作的一线,从多方面思考,从小事入手,切实地做出自己力所能及的贡献。所以在日常工作中,除教学科研工作外,我还承担了团队教学科研实验环境的运维管理工作。这是一项复杂、烦琐、耗时,对知识和实践能力要求都很高,没有成果产出,却影响着整个团队工作顺利开展的任务。所以即便没有任何经验,甚至不知如何入手,但我还是承担了下来,因为不积小流无以成江海,因为方法总比困难多,因为从点滴处奉献是党员应尽的职责。每次专业工程师的上门,都是我最好的学习机会。为了在今后的工作中能独立解决问题,我会把问题和解决方案手写、拍照记录下来,再仔细地琢磨。为了不影响白天的教学和科研工作,我会把运维管理工作安排在非工作时间,在处理紧急故障的时候也偶有苦战到午夜的情况。其实,一个人维护近百台服务器、网络设备和多套虚拟化环境是一件极具挑战的事情,但能够保障百余人实验团队和本科生顺利开展工作,取得各项成果,对我而言还是非常有成就感和满足感的。

习近平总书记在讲话中强调了实施科教兴国战略、强化现代化建设人才支撑的重要性,这使我更加坚定了为教育事业奋斗的决心。我一定会进一步增强政治定力、增强政治敏锐性,严守政治纪律、严防政治风险,确保自己在任何时候都能够坚决听党话、跟党走,以忠诚行动践行党的二十大精神,更用心、用情地在自己的岗位上着眼实际,以学生为中心,探索教学、科研、教育支撑等方面的新方法,为新时代中国特色社会主义建设培养人才。

（信息学院　李寒）

见证彪炳史册的人间奇迹

习近平总书记在中国共产党第二十次全国代表大会的报告中，用了很长的篇幅回顾了过去五年的工作和新时代十年的伟大变革。其中提到：“我们坚持精准扶贫、尽锐出战，打赢了人类历史上规模最大的脱贫攻坚战，全国八百三十二个贫困县全部摘帽，近一亿农村贫困人口实现脱贫，九百六十多万贫困人口实现易地搬迁，历史性地解决了绝对贫困问题，为全球减贫事业作出了重大贡献。”

贫困问题困扰人类久矣，纵观人类文明史，其中有着许多试图解决贫困问题的思想和措施。老子在《道德经》中描绘了一个没有贫富差距、没有剥削和战争的大同社会；柏拉图在《理想国》中设想了财产和资源的平均分配、社会和谐的理想国……解决贫困问题一直以来都是人们的美好愿望，可对于人类社会而言贫困问题又是如此的根深蒂固，以至于一切设想都显得那么遥远。在这样的历史环境下，我们才能深刻理解，为什么说打赢脱贫攻坚战是彪炳史册的人间奇迹。每一个见证了这一奇迹的人，都是时代的幸运儿。而我就是其中之一。

2018年我利用暑假时间，参与到家乡的扶贫事业当中。在河南省信阳市固始县分水乡堰岗村开始了为期两个月的驻村扶贫工作。这给我从更加微观的视角去感受这一奇迹的机会。

我目睹了一个家庭在绝望中被拯救。李文宝一家原本过着幸福的生活，他是一名工人，妻子是一名教师，育有两个女儿、一个儿子。夫妻俩勤勤恳恳，攒了钱在集市上建了两层的楼房，一家人生活得其乐融融。2014年李文宝在工作中出了事故，脊柱受损，失去劳动能力。2016年妻子在讲台上突发脑出血，成了植物人。两次变故瞬间摧毁了他们家，本来就难以自理的李文宝还要照顾妻子，没有收入来源，二女儿和小儿子也无法再继续上学。没有人知道这个家庭的希望在哪里，他们还有没有明天。不幸中的万幸，他们生在这个时代，生在这个国家，赶上了脱贫攻坚。一系列的医疗保障解决了他们看病难题，一系列生活保障解决了他们的生存难题，一系列的教育保障解决了子女的上学难题。他们行动不便，有扶贫队员全程帮忙操办，各种证明、手续他们都不需要操心，他们要做的就是相信国家，相信扶贫队员,重拾生活的希望,创造生存奇迹。

我目睹了一名共产党员为脱贫事业的忘我奉献。温显海同志既是该村的扶贫第一书记,也是我实践过程中的指导老师。他用他的工作实践,给我上了一堂生动的思政课。40 岁的温显海被村里的孤寡老人称为小温,他们说,他们把小温当成自己儿子,甚至比儿子还要亲,因为温显海对待每位老人都像对待自己的父母一样,甚至超过自己父母。扶贫这些年,温显海有 4 年没有回家过年,因为他放心不下村里的孤寡老人,他给他们做年夜饭,陪他们过年三十。2017 年正月十六的凌晨,一位老人脑梗发作,温显海担心救护车赶到时间太晚,借车将老人拉到县医院接受治疗,老人无儿无女,医院的各项业务办理温显海全权负责,一直到第三天老人的病情完全稳定,温显海才离开医院。农忙期间,温显海奔走于各家农田之间,哪家缺人手,哪家就有他的身影……村民们早就把他当作村里不可缺少的一分子。正因为温显海这种舍小家为大家、无私奉献,使村民们打心眼里信任他,尊敬他,爱戴他。老人们不会去银行操作机器领取自己的补贴,就把自己的身份证、社保卡交给温显海去操作;别的扶贫队员工作开展遇到困难,只要温显海去了,村民的疑虑就打消了;村民们只要看见温显海路过了,就一定要拉到自己家招待招待,哪怕是喝一杯水……从温显海同志的身上,我看到了共产党员的责任和担当,看到了我们党打赢脱贫攻坚战的决心和底气。正是有千万位温显海同志的存在,才让这一彪炳史册的人间奇迹出现。

如果我们觉得打赢脱贫攻坚战这一奇迹距离自己的生活太遥远,不妨去走进李文宝这样的家庭,去看看他们曾面对的苦难,去看看他们同扶贫队员一同创造的生存奇迹(这样的奇迹,过去 10 年在全国各地每天都有发生);不妨去走近温显海同志这样的扶贫队员,去看看他们舍我其谁的担当,去看看他们舍小家为大家的奉献。他们是奇迹的编织者,理解了他们,我们就理解了为什么这样的人间奇迹会发生在中华大地;读懂了奇迹,我们定会感慨自己何其有幸见证这样的人间奇迹!

(马克思主义学院马理论研 22　彭玮振)

开放之风度新疆

祖国西北角,160 多万平方公里的新疆,是我的家乡,也是我祖祖辈辈的栖息之地。这里曾是人们口中“春风不度”的边陲,如今,却是中国改革开放和“一带一路”的前沿阵地。这里的人民安居乐业,这里的城区满是人文与商业的气息,这里的大街小巷满载欢声笑语。风吹之地花开满枝。这风是改革之风,是开放之风,这花是人民幸福之花,是终将结出致富之果的致富之花。

自 2013 年习近平主席提出建设“丝绸之路经济带”和“21 世纪海上丝绸之路”的合作倡议以来,新疆人民听党话,跟党走,致力于打造向西开放高地,深化与各方经贸合作,取得了累累硕果。2016—2021 年,新疆进出口总额从 1 398 亿元增长到 1 569 亿元,贸易伙伴遍及 170 多个国家和地区。2014—2021 年,新疆累计开行中欧班列 5 666 列,开行 23 条线路,通达亚欧 19 个国家 26 个城市。站在中国向西开放的前沿,新疆在全球供应链中的重要地位令人瞩目。《纽约时报》日前一篇报道援引数据分析公司卡隆的数据称,新疆生产的多晶硅占全球总产量的 40% 以上,番茄酱占全球总产量的 1/4,棉花占全球总产量的 1/5,此外还出产了世界上 15% 的啤酒花和约 1/10 的核桃、辣椒和人造纤维……

以上这些是被记录和刊登在报纸和新闻上的宏观变化。下面再来看一下我们老百姓切切实实感受到的开放之风辐射带动下的新气象和新变化吧。以我的故乡乌鲁木齐为例,大巴扎片区是乌鲁木齐老城区近年来变化最大的一个地方,从前经过这里,最大的感受就是杂乱无章——排列不齐的铺子和嘈杂的人群把路堵得水泄不通。现如今,通过老城区提升改造和城市靓化工程,大巴扎片区整体面貌发生了翻天覆地的变化——大巴扎变得漂亮了,街道变得整齐了,商业街区划分得更清晰有序了。悠扬欢快的广播歌声四起,琳琅满目的民族特色商品摆放整齐,让游客不禁驻足、流连忘返,也让购物充满了乐趣。同时,通过道路提升改造:解放南路、和平南路变得漂亮、整齐,人行道宽敞了,改造还辐射了龙泉街、新华南路、团结路、延安路、胜利路等,整座城区的市容市貌与过去相比,已发生了翻天覆地的变化。去年,我回到乌鲁木齐,熟悉的 10 路车沿着熟悉的路线奔驰在平坦的大道上,道路两旁新建的商业建筑群让我感到新鲜、陌生。孩童时代的美好回忆留在了老街区里,新街区中更加合理的城市建设和道路规划让我内心充满了对家乡飞速发展的自豪感和满足感。

再来看看我的祖辈生活的地方——吐鲁番。在10年前,从乌鲁木齐前往吐鲁番,能选择的交通工具只有价格昂贵的私家车和单程3~4小时的大巴车,路途颠簸,放眼望去只有一片光秃秃的荒漠和岩石。但是现在就不一样了,从乌鲁木齐到吐鲁番的高铁单程只需半小时,沿途中也渐渐多了很多绿色的植被,令人心情愉悦。近年来,从市区到高铁站、飞机场更加方便了,随着吐鲁番出行条件的不断改善,吐鲁番的交通线路也随之增加。除了通往省会乌鲁木齐的路线,通往全国各地的道路也四通八达,飞机、动车、大巴车……交通方式任你选择。越来越多的土坯房被干净整洁的现代化房屋建筑所替代,现代化的高楼大厦鳞次栉比。高昌区还设立了特色旅游景区,休闲度假村热情地欢迎着游客们的到来。就在上个月,这里还举行了主题为“新疆第一春,花开吐鲁番”的杏花节,通过和家人视频通话,听着舅舅、舅妈们的介绍,看着不远处穿着我们艾特莱斯民族服饰正在尽情舞蹈于繁花之中的小姐姐,还有围坐在一起互相交谈着的各族同胞们,大家脸上洋溢着喜悦的笑容,那气氛融洽和谐的民族团结的景象,让我由衷地高兴。近年来,吐鲁番大力发展以葡萄、红枣、杏等为主的优质特色林果业,走出了一条林果业与生态休闲、观光旅游相结合的绿色崛起、生态富民的新路子,有力地发展壮大了特色优势产业,推动了乡村振兴,带动了当地更多群众增收致富。从中国对外开放的“末端”转变成向西开放的“前沿”,新疆的变化正是中国扩大高水平对外开放的缩影。

中国越发展就越开放。习近平总书记在党的二十届中央政治局常委同中外记者见面时强调:“中国开放的大门只会越来越大。”习近平总书记反复强调开放的重要性,指出:“开放带来进步,封闭必然落后”“对外开放是中国发展的关键一招”“开放是国家繁荣发展的必由之路”。这些重要论述,是对新时代我国开放发展的高度概括和精准把握,指引我国开放道路越走越宽广。

实践证明,高水平对外开放是能造福于百姓的,也是利于国家发展的。身为一名新疆人,看到从小养育我的家乡发生了翻天覆地的变化,我既高兴又自豪。这一切都离不开党的正确领导。正如习近平总书记所说的:“随着共建‘一带一路’深入推进,新疆不再是边远地带,而是一个核心区、一个枢纽地带,你们做的是具有历史意义的事情,已经取得很好的成绩,再接再厉,前途光明。”沐浴在党的阳光之下,摇曳在春风甘霖之中,我相信我也能像胡杨林一样,牢牢扎根于祖国的土壤之中,学好自身专业,奋进新征程,展现新作为,为推进高水平对外开放做出一份贡献。我相信祖国的未来会变得更加美好。

(文法学院日语20-1　阿迪拉·斯拉吉丁)

宽严相济　播撒爱心

时间就像从指尖流过的细沙,在不经意间悄然流走,而留下的欢乐和笑容却在记忆深处历久弥新。转眼间,我在北方工业大学已经工作了20多年,也从同事眼中的小肖变成了同学们口里的老肖。

抬头率很高的老肖课堂

现在高校课堂,上课玩手机的“低头族”的现象非常普遍,老师在讲台上讲课,学生在下面玩手机,教与学脱离比较严重。为了活跃上课气氛,我根据现在学生的特点——喜欢弹幕,喜欢写评论,在课堂中采用了雨课堂的教学模式,学生可以在上面随时发弹幕。在每一次课堂教学中,我一般设计10个左右与教学内容紧密相关的问题,让学生在手机上限时作答,作答完后,在电脑屏幕上显示正确答案,我再用诙谐幽默的语言讲评答案。这种教学模式使课堂总是充满着笑声,“低头族”的学生明显减少,都参与到了课堂互动中来。

节假日给学生答疑加分的老肖

现在的学生很忙,学科学习任务重,课外生活也非常丰富。为了调动学生学习我讲授课程的积极性和主动性,节假日放假(如清明、五一等)时,我在企业微信群里发公告:清明放假,老肖不休,为大家答疑,但是不能祝老肖节日快乐哦!有些节假日,我为学生答疑50多人次(班级课堂人数80多人),参与率为70%多,同时,我也把相关问题整理好总结好,发到企业微信群,供学生们复习巩固知识时使用。

当30多个学生“父亲”的老肖

我担任计20-3班的班导,学生们开班会,特别是在防网络诈骗主题班会上,我给学生们说,如果骗子打你们的电话,让你们转账的时候,你们就告诉骗子:老肖是我父亲,他的电话是186……他会给转账的。在计20-3班同学眼里,老肖又多了一个称呼。

同学们眼中的老肖的确年纪不小了，但我的心却依然很年轻，这是因为我心中有爱。正是因为心中有爱，我才能向光而行。教育永无止境，它是我一生热爱的事业。三尺讲台，不过方寸，却装着爱和责任。沐浴在时代的春风中，在党的二十大精神的指引下，我愿追随前辈步伐，心怀教育之梦，身体力行，为党育人、为国育才！

（信息学院　肖彬）

母校助我成长　奋进创造将来

时过境迁，光阴荏苒，不知不觉我已经是一名大三的学生了。回首转瞬即逝的大学 3 年时光，我心中满怀感激。我能在丰富多彩的大学生活中不断突破自我，首先要感谢我的母校。

党的二十大报告强调："实施科教兴国战略，强化现代化建设人才支撑"。学校始终把"为党育人、为国育才"当作办学兴校的核心任务，锲而不舍用习近平新时代中国特色社会主义思想铸魂育人，把立德树人融入思想道德教育、文化知识教育、社会实践教育各环节，培养德智体美劳全面发展的社会主义建设者和接班人。学校贯彻党的二十大报告对高校育人工作的部署，传承红色基因，弘扬以伟大建党精神为源头的中国共产党人精神，激励广大师生继承优良传统，赓续红色血脉。学校开展了如清明节烈士陵园扫墓、参观红色基地、观看国旗班升旗等红色教育活动。这些活动都令我难忘，而最让我难忘的是观看国旗班升旗的活动。

记得那是一个寒冷冬天的早晨，时间还没有到 7 点，我们大一新生已经站在国旗杆下，等待我校国旗班进行升旗仪式。"升旗仪式，现在开始！"一声洪亮的口号，猛地将我震醒，霎时，我不自觉挺胸站立，瞪大眼睛，竖起耳朵，去感受席卷而来的振奋。国旗班队员的人数并不多，但整齐划一的队列，铿锵有力的正步声却让人感觉队列的规模足有百人以上。队员们到达指定位置后，伴随国歌将国旗升到了旗杆顶部。那时，我感觉我的心在扑通扑通地跳动，一股股热流贯穿我的胸腔，身体也不再寒冷。那一次的升旗仪式让我颇受震撼，同时我也对国旗班产生了好奇。

大一的我一心想进校学生会，并没有过多了解国旗班。但是我在学生会的面试中却处处碰壁，各部门面试全部落选，这对我来说是巨大的打击。经过长时间的反思，我认识到无论是语言表达还是专业课成绩方面我确实还需要更加努力地提升自己，于是我决定认真学习专业课，同时不断提升自己的社会交往能力。

功夫不负有心人。随着自己的能力进步，机会也降临到我身上。大一下学期，国旗班招新了！当仔细看了国旗班的招新标准和要求后，我的内心又开始波澜起伏。我一方面迫切想要加入，另一方面又害怕自己又一次在面试中落选。我把我的烦恼告诉了辅导员老师。老师对我说："不要害怕，相信自己！你想想我们的革命烈士们，他们面对前线的艰险，随时都有可能失去生命，他们害怕了吗？但是他们最后选择战斗下去。以先烈为榜样，勇往直前，你也一定可以的！"老师的一番话让我瞬间斗志拉满，我甚至开始瞧不起那遇事就怕的自己。这一次我不再有任何顾虑，直接提交了申请表。

令我没有想到的是，国旗班的面试和其他面试并不一样，面试最后一个环节是站 30 分钟军姿！这样的要求让在场的所有同学都感到震惊。面试官却平静地说道："国旗班不收只说空话的队员，我们未来的训练会更苦，国旗需要有坚定信念和意志的同学守护！"这样一席话激起了我的斗志，我暗自下决心：王佳慧，无论如何你都要坚持下去，一定要坚持到 3 个月之后的考核！于是我们开始了长达 3 个月的考核期训练。每周日下午我都要参加 3 小时的体能训练。站军姿 30 分钟，教官在我们的手和裤缝间放一片纸牌，纸牌不可以掉下来。为了能使正步踢得有力，我们单次抬腿超过 2 分钟，还要穿着马靴训练长跑。每次训练完，我的双腿都无法弯曲，浑身酸痛，仿佛被人狠狠打了一顿。但是在这个过程中，我却逐渐感到快乐，逐渐自信起来。最后，我竟然坚持下来并成功通过了最终考核。终于，我也光荣地成为国旗班的一员。

我身着队服，每天早起执行任务。我踏实走出脚下的每一步，将国旗升空。当国旗随着国歌声缓缓升起，我虔诚地向国旗敬礼，那一刻我的身心为之热血沸腾。神奇的是，那一刻我总会想到曾经保家卫国的战士们，会想到繁荣昌盛的祖国和她历尽千辛的过去，会想到自己的青春，会思考自己的未来。

在党的二十大报告中，习近平总书记对于当代青年寄予厚望，希望"广大青年要坚定不移听党话、跟党走，怀抱梦想又脚踏实地，敢想敢为又善作善成，立志做有理想、敢担当、能吃苦、肯奋斗的新时代好青年，让青春在全面建设社会主义现代化国家的火热实践中绽放绚丽之花。"在成长的道路上，母校给予我无微不至的关怀与指导，助我成长，让我了解党，学习党，跟党走。我作为新时代青年，要胸怀祖国，脚踏实地，立足当下，学习专业知识，刻苦钻研重点难题，不负人民期望，通过自己一点一滴的努力，为国家发展贡献自己的一份力量。担任学校升旗手的经历让我从害怕失败转变为敢想敢为。在这个过程中，我深切体会到什么是"有理想、敢担当、能吃苦、肯奋斗的新时代好青年"。

虽然大学生活临近尾声，但是我的奋进之路还在继续，我会在全面建设社会主义现代化国家的道路上不断奋斗,不怕困难,不负韶华,积极奉献。用我之力量拓宽前行的大路,用我之青春谱写时代的篇章,用我之热血奉献祖国的辉煌！请党放心,强国有我！

（文法学院日语 20-2　王佳慧）

努力奔跑的追梦人

“每个身影同阳光奔跑，我们挥洒汗水回眸微笑”。2008 年坐在电视机前看夏奥会的小孩长大后，带着青春与激情，拥抱了来自 2022 年的冬梦之约。如果将《我们都是追梦人》歌词修改，便填充成了属于北方工大学子的独家记忆。“一起努力做‘冬天’的骄傲，懂得了梦想，越追越有味道，我们都是追梦人”，追梦人，永远在努力奔跑。

习近平总书记曾在庆祝中国共产主义青年团成立 100 周年大会上说，“青春孕育无限希望，青春创造美好明天。一个民族只有寄望青春、永葆青春，才能兴旺发达。”青春，对于我们来说可以是新奇的尝试，可以是不懈的奋斗，当北京冬奥会和青春相交缠，定会碰撞出别样的精彩。

冬奥会于我的意义，不只是对于国家迅速发展的震撼，不只是为自己可以参与到这一盛会的骄傲，也不只是为认识了终身可以结交的朋友的幸福，更因为，在这段经历中，我见证了太多感动，太多激情与太多奋不顾身。

我所负责的是制服发放领域，在这里，每天要面对几百几千箱的货物，要面对数百张陌生的面孔。在这里，有时会忙到晚上八九点，常常会为了卸货汗流浃背。但似乎越累，大家越团结。当一方需要帮忙时，大家会从四面八方奔跑而来，为了同一个目标而努力着，因为奋斗，所以快乐；因为在一起，所以满足。

在服务冬奥会期间，我感受到了青春的力量。在这里，几十斤的箱子从肩上扛起，七八层高的货物堆得稳稳当当，只要拥有同一个梦想，青春就有无穷的力量。

在服务冬奥会期间，我感受到了青春的激情。当冬奥结束，大家面对还没完成的任务，都毅然留了下来。一起奋斗到 11 点，一起迎着早上的太阳，披着晚上的月光，每一个瞬间，都是充满激情的。我想，正是因为激情与热爱，才得以坚守。

在服务冬奥会期间，我感受到了青春的纯粹。在这里，没有所谓谁的利益，有的只是共同的目标与纯粹的努力。因为热爱，所以拼搏；因为青春，所以纯粹。

在服务冬奥会期间，因为志愿活动与学业的冲突，有时会累到无法呼吸，有时会想到放弃。但每当顺利完成好自己的任务时，每当看到大家脸上绽放的笑容时，每当看到冬奥会又取得了新的成果时,一切疲惫悄然消失。合理安排时间,兼顾志愿与学业,既是对自己的考验,也是青春成长路上的考验。

通过服务此次冬奥会,我切实感受到了当今青年向上向善的力量,切实感受到了北方工大人在时代前行路上的奋发精神,也切实感受到了永不言弃的拼搏力量。在未来,我们定会继续学习、持续学习、努力学习,带着最纯粹的信念,做努力奔跑的追梦人。

(文法学院广告19-2　甄瑶)

努力成为堪当民族复兴重任的时代新人

习近平总书记在党的二十大报告中强调："青年强，则国家强。当代中国青年生逢其时，施展才干的舞台无比广阔，实现梦想的前景无比光明。全党要把青年工作作为战略性工作来抓，用党的科学理论武装青年，用党的初心使命感召青年，做青年朋友的知心人、青年工作的热心人、青年群众的引路人。广大青年要坚定不移听党话、跟党走，怀抱梦想又脚踏实地，敢想敢为又善作善成，立志做有理想、敢担当、能吃苦、肯奋斗的新时代好青年，让青春在全面建设社会主义现代化国家的火热实践中绽放绚丽之花。"这不光为党的青年工作提供了基本指引、道明了前进方向，更是充满了对广大新时代青年的殷殷期盼，期望我们能成为新时代好青年。

我作为一名高校大学生，也是新时代青年中的一员，看着祖国飞速发展也会想贡献自己的一份力量。生逢其时，不负时代，我积极参加 2022 年北京冬奥会石景山区城市志愿者活动，为冬奥助力，为北京助力，为运动健儿们加油。这是一次充满激情的志愿服务，听着场内观众的欢呼，看着来来往往的观众露出喜悦的笑容，那是中国的运动健儿们赢了！印象非常深刻的是，我们大家一起围在一台电脑前观看冬奥会的开幕式，我们一起喊着倒计时，一起为开幕式的表演欢呼，大家内心会油然而生一种自豪感，这种自豪感来源于祖国的强大，来源于北京这座城市。整个开幕式大概持续了 2 小时，展现了中华民族传统文化与科技美学的奇妙结合，体现了冬奥精神，精彩画面令人目不暇接。出生在中国大地上，拥有一颗爱国之心，新时代青年更要将爱国之心转化为报国之行。秉承着这种理念，我在 2022 年 4 月投身到基层社区疫情防控志愿工作中，当时我的家乡情况比较严重，小区都属于封闭状态，只进不出，就连日常需求都要社区工作人员上门配送。深感基层工作者的不易，于是我积极参与了社区核酸检测和楼宇人员排查等工作。每天早上五点半集合，穿着防护服，成为走在小区里面的"大白"。在做核酸的过程中看着一位位居民严格按照要求保持 1 米距离，戴着 N95 口罩，心中都在为他们点赞。还有一些居民，年纪比较大，虽然在使用智能手机，但对其使用操作并不熟悉，需要进行单独引导，我就会非常耐心地解答问题，这也锻炼了我与人沟通的能力。当每一位做完核酸的人和我轻声道一声“谢谢”“辛苦啦”,在零下的天气中竟也不觉得冷了。很荣幸能够成为防疫战斗的一员,虽然我的工作看似简单,但我明白道虽迩,不行不至;事虽小,不为不成。每一个抗疫志愿者的辛苦付出都是在为夺取疫情阻击战的胜利汇聚力量,在做志愿者的过程中我感受到了自己的价值,聚是一团火,散是满天星!我相信只要我们社区工作人员和志愿者团结一心,众志成城,共克艰辛,我们必能打赢家乡的这场无声的战争。

我的家人也非常支持我去做志愿者,他们认为,多年的教育培养本就是要让我成为一个有责任担当、有理想目标、热情阳光的好孩子。他们不光是我参与疫情防控志愿的底气,还是我的榜样——他们给在小区内安营扎寨的值班人员们送去了行军床和被子以及热水等,尽自己的一份力量点亮志愿者们心中的那盏灯。

我在当时的新闻报道中看到最初武汉疫情的时候,火神山、雷神山两座医院的3万多名建设者中,60%是新时代青年,并且有550余万名青年奋战在抗疫一线等。这些都说明了新时代青年是敢于担当的,“世上没有从天而降的英雄,只有挺身而出的凡人”,这些新时代青年们就是挺身而出的凡人,他们不怕困难、攻坚克难、敢闯敢干,努力成为走在时代前列的奋进者、开拓者、奉献者。

在这些志愿服务的经历中,我从中得到了很多感悟和经验。志愿者的服务是无偿的,所以实践的体会也是独一无二的。而且这种机会并不是随时都有的,所以我每次都会抓住做志愿的机会,积极参与青年志愿者活动,用自己的热情为需要帮助的人们做一些事情,我会感到很自豪,同时也增强了自己的实践能力和创造能力。大学是我们人生中重要的里程碑,我们不仅应该努力学习专业知识,更应投身社会实践,积极参加社会服务,也是提高自己的有效途径。习近平总书记在多个场合中强调“没有广大人民特别是一代代青年前赴后继、艰苦卓绝的接续奋斗,就没有中国特色社会主义新时代的今天,更不会有实现中华民族伟大复兴的明天。”生逢其时,新时代青年是中国特色社会主义新时代的接班人和建设者,肩负了伟大历史使命,因此我们更要投身伟大事业,以青春之我建设青春之中国,承担起自己的责任,从身边的小事做起,让青春在为祖国、为民族、为人民、为人类的不懈奋斗中绽放绚丽之花。

(马克思主义学院马理论研21　梁芷洁)

青春著华章　青年当有为

百年艰辛,百年奋斗!在全国人民的共同期盼下,在中华民族意志空前坚定的2022年,我们迎来了党的二十大。

回想党和国家的血泪奋斗史,无数英烈和巨匠的身影在脑海中闪过,那些沧桑岁月我们永远铭记于心。历史洪流追溯到开天辟地的1921年,中国共产党在一片泥泞中诞生,这也为满目疮痍的中国带来了黎明之光。在旗帜的指引下,觉醒的中国人民坚定心中的信仰,紧跟党和国家的步伐,在血雨腥风中孕育出崭新的中国!如今,作为新世纪的新一代,我们生活在平安幸福的国度,深知这条用生命和热血铺就的道路是如此正确。我们也坚信,只要在中国共产党奋斗的礼炮声中继续稳步向前,中国人民终将在党的带领下迎来美好而灿烂的未来,创造前所未有的奇迹。

"一心装满国,一手撑起家。家是最小国,国是千万家。在世界的国,在天地的家。有了强的国,才有富的家",正如《国家》歌词里所写,只有祖国强大,我们每个中国人的生活才会更好。

强国复兴,需要坚定理想信念。党的十八大以来,习近平总书记多次用"咬定青山不放松"等典故,激励党员领导干部要坚定理想信念。作为新时期的青年干部,只有不断磨炼自身意志,才能保证思想不偏移、不松懈、不滑坡,才能为实现民族伟大复兴的中国梦而不断努力奋斗。

"沧海横流,方显英雄本色。"回顾中国共产党近百年奋斗历程,共产党人在重大考验面前,从来都是英勇无畏、冲锋在前,这是共产党人政治本色的最有力诠释,也是初心和使命的最好体现。干部党性强不强、政治上过不过硬,就要看关键时刻靠不靠得住。面对统筹做好疫情防控和经济社会发展这场大考,广大党员、干部应牢记人民利益高于一切,在严峻的斗争中磨砺初心、勇担使命。

强国复兴,需要增强自身本领。我们只有不断提高自己的业务知识水平和政治判断力,才能自觉加强学思践悟,知行合一,才能练就过硬本领,更好地为人民服务。

2022年2月,全球进入北京冬奥时间。2022年冬奥会和冬残奥会是展现国家形象、促进国家发展、振奋民族精神的重要契机。志愿者工作是冬奥会、冬残奥会筹办工作中十分重要的一环。生逢盛世,肩负重任,能够成为一名冬奥会志愿者,对我来说既是一份光荣的使命,也是一份沉甸甸的责任。我是城市服务志愿者,我和队友们负责石景山区首钢滑雪大跳台的观众进场、散场引导工作。我们体验过早上九点钟的早班岗,也经历了天黑之后返校的晚班岗。无论时间是早还是晚,无论当天的工作内容是什么,我们都全力以赴,坚持站好每一班岗。参与冬奥志愿服务,认识了热情可爱的同伴,种种经历都让我觉得不虚此行。能以这样的形式参与北京冬奥盛会,会成为我这一年甚至一生值得珍藏的宝贵记忆。

“请党放心,强国有我”是我们青年人对祖国最好的表达、最好的承诺。广大青年必须矢志不渝,用心践行,将个人梦想同实现中华民族伟大复兴的中国梦结合起来,从自身做起,从现在做起,从小事做起,以实际行动来证明“我们能行”。

(信息学院信安20-2　门凯旋)

青年执笔书写百年风华

新时代的10年，在中国共产党的坚强领导下，中国人民一步一个脚印，向着中华民族伟大复兴的中国梦坚实迈进。党的十八大以来，以习近平同志为核心的党中央始终坚持以人民为中心，全力推进全面建成小康社会进程，完整、准确、全面贯彻新发展理念，着力推动高质量发展，打赢了脱贫攻坚战。党的十九大报告指出，我国社会主要矛盾已经由"人民日益增长的物质文化需求同落后的社会生产之间的矛盾"转变为"人民日益增长的美好生活需要和不平衡不充分的发展之间的矛盾"。党的二十大报告中指出，到2035年我国建设的总体目标是要建成教育强国、科技强国、人才强国、文化强国、体育强国、健康中国。

青年是整个社会力量中最积极、最有生气的力量，国家的希望在青年，民族的未来在青年。习近平总书记说："青年是标志时代的最灵敏的晴雨表"。作为青年，我们应当担负起时代重任，为社会作出自己的一份贡献，成为肩负使命，坚定信心，有理想、有道德、有文化、有纪律的"四有"青年。

今年23岁的我，深刻感受到了过去10年间中国的深刻变化。1999年，是我出生的那一年。这一年，中国驻南斯拉夫大使馆遭到了美军的袭击，当场炸死3名中国记者，伤者数十人；这一年，我国第一艘载人航天试验飞船发射成功，标志着我国载人航天技术有了新的重大突破；这一年，澳门回归祖国……这一年里，我们有荣光亦有不甘。

2018年，我考入武汉理工大学，从一个北方小城来到了"九省通衢"的中原武汉，在这里开启我四年的大学生活。大一之后的2019年，军运会中的柔道项目在武汉理工大学体育馆举办。我作为法语系的一名学生，报名参加了志愿者，负责接待和引导法语国家地区来的参赛人员，这段经历让我受益匪浅。新冠疫情开始后，受到母亲工作的影响，我参加到儿童医院的疫情防控志愿者工作当中，负责后勤保障工作。那个暑假的每一天我都跟随母亲一起到医院去，穿上防护服，做自己力所能及的工作。有一天午休时，我看到医院大厅的三角钢琴，听一起工作的护士姐姐说，这架钢琴很久没有被人弹奏过了，都是按照设定的程序进行演奏。我于是有了一个大胆的想法。我在经过负责人的同意后,坐在了这架钢琴前。虽然很久没有练习,但是好在没有忘记。我弹奏了《梁祝》《旱天雷》和1集《威尼斯船歌》。琴声回荡在大厅广阔的空间之中,路过这里去就医的人,有的会停下脚步,驻足听一会儿我的弹奏,有的也只会匆匆走过。演奏结束后,护士姐姐跟我说,听你弹琴仿佛回到了疫情之前,你的琴声是能给我们带来快乐和振奋的!

一个暑假的时间,我累积担任疫情防控志愿者将近300小时。我原来是一个自我、懒惰、不关心社会的青年,通过这段经历,精神上有了彻底的转变。“人是一切社会关系的总和”,青年一代要在新时代努力奋进提升自己,更应当进入社会、深入实践、身体力行,将所学所想与所作所为牢牢融合。展望未来,我国青年一代必将大有可为,也必将大有作为。这是“长江后浪推前浪”的历史规律,也是“一代更比一代强”的青春责任。广大青年要勇敢肩负起时代赋予的重任,志存高远,脚踏实地,努力在实现中华民族伟大复兴的中国梦的生动实践中放飞青春梦想。新时代应由青年执笔书写百年风华。

(马克思主义学院马理论研22　张华超)

让那抹红刻成青春的底色

“和煦晨风、灿烂朝阳，东方那抹红披挂胸膛；五星高照、旗帜飘扬，东方那抹红万丈光芒。”歌声嘹亮，余音绕梁，那抹红穿越了百年，而今愈发鲜艳。东方的那抹红，是复兴红，更是我们骄傲的中国红。当青春遇上了中国红，青年必将以那抹红为底色，在矢志奋斗中擘画出绚丽的青春蓝图。

禾木亭亭倚盖苍，栉风沐雨自担当，百年奋斗路，征程再启航。中华民族和中国人民在以习近平同志为核心的党中央引领下正逐步铸就创造伟大成就的力量。一百年来，中国共产党始终以为人民谋幸福，为民族谋复兴，为世界谋大同为奋斗目标；一百年来，我们党在历史前进的逻辑中前进、在时代发展的潮流中发展，始终保持只争朝夕、不负韶华的精神，万众一心加油干、越是艰险越向前的劲头；一百年来，我们党始终坚持以马克思主义为指导，以伟大建党精神为引领，构筑中国共产党人的精神谱系，创造人类文明新形态。

那抹红为人民谋幸福，新中国书写了物阜民丰、万家灯火的奋斗史诗。从进行社会主义革命建设到实行改革开放、推进社会主义现代化，都是以民为本、为民谋福而斗争。君可知，中国共产党推翻了“三座大山”，让人民当家作主，真正成为国家和自己命运的主人；君可见，中国共产党聚焦民生，让亿万人民无虞于温饱；君可闻，中国共产党心系民生、攻坚脱贫，历史性地消除了绝对贫困，扶贫干部把心血和汗水洒遍千山万水、千家万户，坚决不让一个人掉队。而今，中国已然全面建成小康社会，已然建成了世界上规模最大的社会保障体系，并把中国人的饭碗牢牢端在自己手中。人民对美好生活的向往，就是我们党的奋斗目标。

那抹红为民族谋复兴，新中国书写了从站起来、富起来到强起来的辉煌史诗。中华人民共和国的成立，使近代以来帝国主义列强侵略压迫中国、欺凌奴役中国人民的苦难历史彻底结束。从此中国共产党带领亿万人民，救国、兴国、富国、强国，书写下震撼世界的巨变。而今，铁路通青藏，大堑变通途；公路密成网，高峡出平湖；“天和”驻太空，“北斗”探苍穹。我们用几十年时间走完了发达国家几百年走过的工业化历程，跃升为世界第二大经济体，综合国力、科技实力、国防实力、文化影响力、国际影响力显著提升。在中国共产党的坚强领导下,社会主义中国巍然屹立在世界东方。

那抹红为世界谋大同,新中国书写出从落后于时代到赶上时代、引领时代的壮丽史诗。中国共产党是为中国人民谋幸福的党,也是为人类进步事业而奋斗的党。新中国在中国共产党的领导下维护世界和平与安全,中国的防御性国防政策以及和平外交政策深入人心,对解决全球安全特别是热点地区问题发挥越来越重要的作用。新中国在中国共产党的领导下促进世界经济发展,中国的“一带一路”倡议有效联结欧亚经济联盟等许多其他区域合作规划,并与沿线国家的未来发展计划实现对接,为国际和地区合作提供新模式。新中国在中国共产党的领导下助力国际政治新秩序发展,未来全球治理的“中国方案”将发挥更加明显的作用。

《新时代的中国青年》白皮书中一组数据令人印象深刻:“截至 2021 年 6 月,35 岁及以下党员共 2367.9 万名,占党员总数的 24.9%。中国共产党第十八次全国代表大会以来,每年新发展党员中 35 岁及以下党员占比均超过 80%。”中国共产党历经百年风雨,依然葆有青春活力、洋溢青春气息,吸引并感召着一批又一批新青年。望历史,1921 年出席党的一大的 13 位代表,平均年龄仅 28 岁,最小的还不满 20 岁。看今朝,在基层一线,一大批青年党员冲锋在前、忘我奉献。历史和现实充分证明,中国共产党是始终保持青春特质的党,是永远值得青年人信赖和追随的党。

喜庆党的二十大,青年应以那抹红为底色,永远跟党走,奋进新征程,建功新时代。标志时代晴雨表的是青年,一代青年人有一代青年人的长征路。习近平总书记强调:“我们党领导的革命、建设、改革伟大实践,是一个接续奋斗的历史过程,是一项救国、兴国、强国,进而实现中华民族伟大复兴的完整事业。”每一代人的青春都是不平凡的,青年从来不是时代的过客、看客,而是担负使命、扛起责任的先行者、实干者。

以那抹红为底色,青年要理想远大、信念坚定。首先是立志层面的高远,要立鸿鹄之志,树立远大崇高且贴合国家时代的理想,使个人理想与社会理想统一,让社会理想指引个人理想,个人理想只有同国家的前途、民族的命运相结合,个人的向往和追求同社会和人民的需要相一致,才可能变为现实。其次是实现理想过程的坚持,实现理想的过程是艰巨且曲折的,是一个长期奋斗的过程,唯有奋发图强、不怕困难、不避艰险,才能到达理想的彼岸。

以那抹红为底色,青年要刻苦学习、锐意创新。知识是最有力量的武器,想要真正地为国家、为民族作出贡献,就必须有过硬的才干和本领,要在青年时期艰苦奋斗，努力学习，用知识武装自己。只有拥有扎实的知识，将来到达工作岗位才有发挥才能、作出贡献的能力。知识不仅能改变自己的命运，还能改变国家的命运。尤其在信息化时代的今天，知识型人才已然成为国防的中坚力量，只有知识过硬，国家的底气才十足。

以那抹红为底色，青年要树立正确的价值取向。青年时期是一个人的人生观、世界观和价值观定型的重要时期。要积极主动地树立正确的价值观念，贴合时代要求，融入时代大潮，让自己拥有正向的人生追求，理智地追求物质，重视精神世界的丰盈。培养爱国情怀，将实现人生价值与历史同向、与祖国同行、与人民同在，让奉献国家、服务人民成为人生价值的终极内涵。

以那抹红为底色，青年要艰苦奋斗、无私奉献。在建设现代中国的过程中，无数先辈作出了不朽贡献。吴运铎前辈3次负伤仍坚守在弹药制造一线；“铁人”王进喜在寒冬腊月用身体制服井喷；当代“活雷锋”郭明义义务献工21 000余时，捐款54余万元，无偿献血7万多毫升。而推动他们作出伟大贡献的，正是艰苦奋斗、无私奉献、爱岗敬业、热爱祖国、服务人民的优秀意志品质。今天的青年，尤须培养这样的意志品质，才能真正挑起时代大旗，成为可靠的新时代中国特色社会主义接班人。

以那抹红为底色，青年要崇德向善、严守纪律。在庆祝中国共产主义青年团成立100周年大会上，习近平总书记要求新时代广大共青团员“做崇德向善、严守纪律的模范，带头明大德、守公德、严私德，严格遵纪守法，严格履行团员义务”。青年只有心境澄明，心力茁壮，以道德浸润心灵，以纪律规范行为，才能为自身成长成才提供更为主动的精神力量，为党和国家事业发展注入源源不断的青春力量。心有所戒，行才有所止。青年人修身立德，必须把守纪律讲规矩摆在更加重要的位置。

以那抹红为底色，青年要有自觉的使命担当。现在常在，未来已来。新时代的接力棒即将传到我们手上。我们应褪去稚气，勇敢接过接力棒，要有为国为民奋斗的使命感和奉献自我、服务人民的担当意识。将个人命运和国家命运紧紧相连，与国共荣辱，与国共进退，将国家之事以为己任，让国家与自身息息相关。

装点此关山，今朝更好看。伟大复兴征途如虹、气吞山河，伟大事业道阻且艰、山高水长，呼唤新时代奋斗者砥砺“千磨万击还坚劲，任尔东西南北风”的意志，焕发“弄潮儿向涛头立，手把红旗旗不湿”的豪迈。

青春因报国为民而更加瑰丽，青年因使命在肩而更显勇毅。喜庆党的二十大，永远跟党走，奋进新征程，建功新时代。新时代的中国青年，青春正当时，奋斗正当时，要牢记党的教诲，不负人民的期望，不负韶华，在青春的赛道上奋力奔跑，为实现伟大复兴的中国梦不懈奋斗！

将那抹红牢牢刻成青春的底色，我们的国家依旧是五岳向上，一切江河滚滚向东，民族意志永远向前……

（理学院统计 20-1　赵雪娇）

新时代赋予我们的责任与使命

2023 年 4 月中旬,作为基层党支部书记,我参加了学校组织的为期 3 天的“传承沂蒙精神,汇聚思想力量”主题教育培训活动。此次沂蒙之行,可以说是让我补了思想之“钙”,坚定了理想信念,也更深刻地意识到每代人都有时代赋予我们的历史责任与使命。正因为每代人不辱使命的付出,我们的国家才能站起来、富起来、强起来,才能实现中华民族的伟大复兴。

革命战争年代,实现民族独立、人民解放,建立人民当家作主的新中国,是时代赋予的历史使命。那个时代,有数不尽的人前仆后继,为了革命的胜利献出生命。更有千千万万的普通老百姓,像沂蒙红嫂一样,坚定地跟党走,一切为了革命的胜利,用自己朴实的大爱和不怕艰苦、无私奉献的精神谱写了可歌可泣的赞歌,为我们树起了一座丰碑!“红嫂原型”明德英冲破封建思想的束缚,用乳汁救治伤员;“沂蒙母亲”王换于办起“战时托儿所”,先后照顾 42 个孩子,而她自己的 4 个孙子却因营养不良先后夭折;“沂蒙大姐”李桂芳在危急时刻,带领 32 名妇女,跳进冰冷的河水,用身体当桥墩,用门板当桥面,为解放军战士架起一座“火线桥”,使部队顺利过河,奔向孟良崮战场……当我看着一幅幅图片,听讲解员讲这些事迹时,不禁潸然泪下,这就是普普通通的老百姓啊,而且还是裹着小脚、被认为是思想保守的妇女,为何能有如此的意志和无私大爱。我想正是因为中国共产党真心实意为人民谋利益、谋解放,才赢得了沂蒙人民的拥护和支持,激发了沂蒙人民改天换地的革命热情。沂蒙红嫂们只是那个时代的缩影,在那个时代,跟着共产党打天下,赢得解放和自由,实现真正当家作主是人民的诉求,也是时代赋予的责任和使命。我们的先辈们正是用坚贞的意志和无私的奉献完成了他们的使命,开创了崭新的伟大的新时代。

改革开放年代,建设新中国,让人民过上富裕的生活,是时代的主旋律。作为“80 后”,从出生时就已经享受到了改革开放的福利,我们没有像父辈那样经历过“吃不饱,穿不暖”的时期。但是作为时代的同行者,我见证了父辈作为时代的中坚力量所做出的努力和贡献。我父亲是一名基层干部,带领当地的群众共同富裕,是他的责任和使命。有一次聊天时,父亲无意间回忆起当年:“当时我带工挖河,就是推着胶轮车从河底把泥土推到大堤上。披星戴月,早4点吹哨上工,5点上工地,8点下工吃早饭,一天三晌干,进度落后生产队夜晚加班。那种奉献精神记忆犹新,每每回想起来都使我热泪盈眶。我们要珍惜目前的大好形势,国泰民安,祖国昌盛。我们要坚定不移地跟共产党走,用习近平新时代中国特色社会主义思想武装自己,努力工作,实现梦想。"

"忆当年,心情激动,热泪满面,忆苦思甜,幸福来之不易。珍惜生活,努力工作,实现梦想。"当看到父亲发的这段文字时,我便感受到了他那激动的心情。后来我发朋友圈,陆续有几位朋友回复,说他们的父亲都做过类似的工作,看到这个也是感慨万千,深有共鸣。是啊,正是千千万万基层工作者的不懈努力,才让中国老百姓过上了富裕生活。我的印象中,父亲从来都是早出晚归的,很少在家里吃饭。有段时间下乡包村,嗓子也经常是哑的,后来知道是天天在大喇叭上喊的缘故。如今我们莘县已经是"中国蔬菜第一县",2022年被评为山东省首批现代农业强县。我想父亲他们也是欣慰的吧,在他们正当年的时候,扎扎实实地做了他们应该做的,没有辜负时代赋予他们的责任和使命。

现在我们处于一个高速发展的新时代,实现第二个百年奋斗目标的重要时期。我们和我们培养的学生,将要成为这个时代的中坚力量。把我国建成富强民主文明和谐美丽的社会主义现代化强国,实现第二个百年目标,以中国式现代化实现中华民族伟大复兴。这是多么伟大而又荣耀的历史使命。作为一名高校教师,肩负着培养"担当民族复兴大任的时代新人"的重任。习近平总书记强调"促进学生德智体美劳全面发展,培养学生爱国情怀、社会责任感、创新精神、实践能力",这对于服务国家战略需要、加快建设人才强国、实现中华民族伟大复兴而言至关重要。那么落实到具体工作中,我想扎实做好专业建设,做好课程思政建设、课程体系建设以及实践基地建设,为学生创建良好的软硬件环境,培养具有扎实理论基础、丰富实践能力以及创新精神的高水平应用型人才是我们的责任。同时,作为一名基层党支部书记,能深入教师群众、深入学生,去真正了解大家的需求,去发现问题和想办法解决问题,去调动起大家的工作、学习积极性,去和大家一起推动学院、学校的事业发展,是我必须肩负的责任与使命。

不忘初心、牢记使命,扎扎实实做好每项具体工作,脚踏实地,开拓创新,培养更多德智体美劳全面发展的时代新人!在属于我们的时代肩负起我们的责任与使命,为时代发展、民族复兴留下我们的印记!

(信息学院　魏淑华)

时代谱新篇　乡村展新颜

暑假，我坐上返乡的列车。自从因为学业原因离开之后，我极少有机会返乡，提起故乡，首先便想起幼时的快乐，继而却是一阵淡淡的惆怅……

我的童年是在农村度过的。也许过于久远的记忆总是被美化，记忆中的童年无虑又自由。庭院中有一口手抽式的水井，前面是一块青色大石板，用于搁置水桶。年幼的我喜欢在旁边看大人打水，一抽一送间，水管中便盈满了清亮亮的水，如同魔术一般。堂屋里挂着老式壁钟，吊摆摆动记录着时间，桌台上常备着几支红烛，偶尔停电的时候，它们就会被点燃，照亮昏黄色的一片区域。窗外是一片小竹林，竹叶常青，一年四季，风霜雨雪，各自成声，各自成景。门前的草地上间杂生着蒲公英、龙葵、紫花地丁；乌鸫、白头翁落在草地上啄食草籽和小浆果，斑鸠藏在杨树繁茂的枝叶里，在黄昏时分一声声叫得尤为绵长凄恻。躺在春日的麦地里，耳畔是低拂的风声，目之所及是一碧如洗的晴空，流云一朵一朵变换身姿。这一切足以为我编织出童年的美梦。

当我再一次在电话里诉说对爷爷奶奶和老家的思念时，他们再一次笑着说，你这孩子，真是身在福中不知福，老家有什么好的呢？我回想起那个小村庄，茜色的云霞，翻涌的麦浪，瓦檐下的雨幕，红砖上的青苔，无不给我以浪漫的怀想。可是停留在观景层面上的热爱，显而易见是浅薄的。只有真正的农人，才能接触到土地的心脉。在农人眼中，土地代表着什么呢？是世代的劳作，安身立命的根基，是循环往复的耕种，也是风雨的洗礼。也许……也许还有贫穷……至此，所有浪漫被打碎，取而代之的是沉重的叹息。

真正回到家乡时，眼前的景象变化得倒是令我难以置信了。村落附近多出了几幢高大的建筑，简约的灰色造型在一片红瓦的民居中格外显眼。爷爷说，这是近几年刚兴办的农产品加工厂，看似简单的加工工序可以实现产品价格翻番。爷爷补充说，从前缺人缺钱，办不起工厂，如今政府投资，广纳社会资本合作，联合动员村民提供原料，并依托电商平台销往全国各地。村民、工厂、投资方均能受益，大家积极响应，工厂便红红火火地办起来了。

进到村里，路旁挺立着新建的路灯，以柔光守护着乡人的夜。田地里的玉米和花生长势旺盛，远远望去犹如深碧色的海，在灼灼夏色中给人以清凉之感。抬头看，空中还飞着几架小巧的无人机。爷爷不无骄傲地说，庄稼长得好，因为政府定期推荐良种，也推出了农用无人机，智能给水给药，既省人力，又提效率。农业专家摸得清土地脾性，培育出的种子不仅生命力强，少生虫害，而且结实率高；无人机操作简单，方便有效，智能化照料农田，堪比经验丰富的老农。乡亲们少受累，还能年年获得好收成，对政府和村干部也更加信任了。

回到家里，庭院的手拉式水井已经被自动化水泵替代了，水泵自带过滤网，取水更加方便健康。走进堂屋，桌椅板凳也全部替换成更实用的材质、更新颖的款式。桌台上的红烛消失不见，它应该被雕成了更精致的样式，飞入了年轻情侣的房中，为他们的晚餐装点浪漫。然而，堂屋中央仍然挂着那一幅印刷山水画，左右各挂两联，上书：春江水满源流远，素月清华光彩明。即使桌台上放置了新的闹钟，老式壁钟的吊针依旧摆动，窗户新换了玻璃，木制窗棂却保留原样。参天之木，必有其根；怀山之水，必有其源。我了悟，村庄的根脉并不仅在于土地，还有生生不息的文化传承，也正因为如此，我们的村庄在变化中仍留存有家的归属感。

午后，爷爷突然喊我过来为他拍一张照。我讶异，这位腼腆、固执、不爱照相的老人，为什么会提出这个要求？当我看见他手上的勋章时，瞬间明白过来。色调红金相间，上面精细雕刻着党徽——那是五十年老党员的纪念章。爷爷对着镜头露出虔诚的微笑，纪念章上闪烁的不仅是五十年的岁月，更是他延续至今的信仰和骄傲。我把拍好的照片拿给他看，爷爷满意地点点头，整理好勋章的红色缎带，将它放进最高层的柜子上。五十年，沧海桑田，他曾经历过战争、饥荒、贫穷、动荡，而今终于在新时代的农村过上了富足而幸福的生活。

临别时刻，我回头望着这座笼罩在绿杨荫下的村庄，依旧是灰墙红瓦，在熟悉与陌生交织下，记忆中的村落浮现、变幻，渐渐与眼前的景象重合。仿佛红瓦上浮动的不是洒落光斑，而是四溅的光阴。唐人善作田园诗，宋人尤工山水画，而这份产业兴、生活富、生态美、风貌佳的画卷，只有以新时代的笔才能绘就。汽车平稳地行驶在柏油路上，两侧是盛放的木槿花，正如这片土地上的人们，坚韧质朴，蓬勃昂扬。

（电气与控制工程学院交通21-2　王凡）

岁月为证　时代同行

岁月如梭,时光荏苒。新中国至今已成立 74 年,我国发生了前所未有的历史性变革。在这个伟大的征程中,中国共产党提出了"两个一百年"的奋斗目标,即到建党 100 周年时我们实现了的全面建成小康社会的第一个百年奋斗目标;到新中国成立 100 周年时建成富强民主文明和谐美丽的社会主义现代化强国的第二个百年奋斗目标。在全国人民的共同努力下,党的二十大确定的宏伟蓝图正在一步步地实现,新时代的中国正在崛起。

那么"这个新时代是怎样的,我们应该怎样度过它才不算虚度光阴呢?"这是我在不断思考的问题。前段时间,黄国平博士的毕业论文《致谢》走红网络,在读完这篇文章后,我的内心也是久久不能平静。我也是一名来自小山村的学子,时常听我的父辈提起他们的求学之路,也是充满着坎坷,他们每天要走几公里的山路去深山中的学校上学,直到下午才会背着书包原路返回,无论刮风下雨,从不间断,学校的生活条件也是十分艰苦,只有几位上了年纪的老先生还在坚持为学子们传递知识。对于当时那些生活在山区的孩子们来说,设施良好的教育系统似乎像一座高不可攀的大山。而现在,在党和国家努力推进教育公平的大背景下,越来越多的农村孩子正在享受着更好的教育。在党的二十大报告中,习近平总书记明确提出要推进教育公平。这项工作得到了各级政府的高度重视和广大人民群众的积极响应,并在全国范围内探索实施了一系列有益举措。其中之一便是建立了一个名为"义务教育均衡发展"的机制,主要涉及如何保障偏远地区的教育资源丰富、质量公平。在这样的背景下,党和政府对学校发展状况进行了调研,广泛收集各种信息,并统一系统整理收集,来实现基础教育资源的均衡发展。同时,我们还有一些政策措施,如"农村学生资助工程""精准扶贫教育工程"等。

这些措施的出现,让许多生活在偏远地区的学生有了更多上大学的机会,让更多的孩子们能够接触到好的学习资源,给他们提供了平等的发展机会,为中国的发展奠定了更加坚实的基础。在我的父辈口中以及我的一段段经历中,我是切切实实感受到家乡学子的求学之路在变得宽阔平坦了。我看到我的祖国——新中国的复兴之路正在共产党的领导下坚定不移地向前迈进。是的,正如习近平总书记说的:“我们比历史上任何时期都更接近中华民族伟大复兴的目标,比历史上任何时期都更有信心、更有能力实现这个目标”。

回望3年共同抗疫时光,追溯我们经历的每一次战“疫”,我们始终不放弃救治每一个感染者,不惜一切代价挽救生命,最大限度保护人民生命安全和身体健康。“人民至上、生命至上”——这是中国共产党对14亿多人民的庄严承诺,更是中国伟大抗疫斗争的真实写照,是中国抗疫始终不变的遵循。从出生仅30多个小时的婴儿到100多岁的老人,每一个生命都得到全力护佑,人的生命、人的价值、人的尊严得到悉心呵护。我看到了无数中国人在为我们这个国家和人民努力。这是世界上其他国家给予不了的安全感。

然而,功名已成昨日,当代青年要把握新时代。时代造就青年,盛世成就青年。新时代的中国繁荣发展、充满希望,中华民族迎来了从站起来、富起来到强起来的伟大飞跃,实现中华民族伟大复兴进入了不可逆转的历史进程。新时代中国青年生逢中华民族发展的最好时期,拥有更优越的发展环境、更广阔的成长空间,面临着建功立业的难得人生际遇。我们要旗帜鲜明地发扬伟大斗争的锐气,牢记为人民服务的初心,立足于自己的岗位,从小事做起,从个人做起,把个人理想追求融入党和国家事业之中,踔厉奋发、笃行不怠。

总之,我们要坚定信心,相信自己、相信国家、相信党。我们的未来是美好的,也是充满困难的。但是,我们要永远不忘初心、执着前行,凝聚力量,共同奋斗,让“奋进新征程　建功新时代”成为我们共同的旋律。

（电气与控制工程学院自动化22-1　白星辉）

想群众所想　急群众所急　解群众所难

党的二十大报告提出:“中国共产党领导人民打江山、守江山,守的是人民的心。治国有常,利民为本。为民造福是立党为公、执政为民的本质要求。必须坚持在发展中保障和改善民生,鼓励共同奋斗创造美好生活,不断实现人民对美好生活的向往。我们要实现好、维护好、发展好最广大人民根本利益,紧紧抓住人民最关心最直接最现实的利益问题,坚持尽力而为、量力而行,深入群众、深入基层,采取更多惠民生、暖民心举措,着力解决好人民群众急难愁盼问题,健全基本公共服务体系,提高公共服务水平,增强均衡性和可及性,扎实推进共同富裕。”我亲身经历的 3 个事例,让我感受到了国家、政府在努力改善人民群众的生活,便利人民群众生活,保障人民群众安全。政府是站在人民群众的立场,以人民群众的角度去观察、思考,聚焦民生痛点、堵点,做惠民利民的实事。

2022 年 4 月因疫情我们小区实行了临时管控。临时管控得很突然,疫情的传播情况也不是能预料的,小区中大部分家庭里都只有两三天的菜。在大家都担忧过两天没饭、没菜吃了怎么办时,当天中午物业就通知居民可以扫码买菜,会有村委会工作人员和志愿者送菜上门,安慰大家不必着急、不必心慌。3 个二维码对应我们镇的 3 个大型超市。扫码之后可以看到里面有很多很丰富的食物,送货时间也很快,两天内肯定可以送到。我记得当时有一天我发现家里洗发水马上用完了,我就立刻去 3 个商场线上购物小程序上找洗发水,发现有的超市没有上架洗发水,有的已经销售完了。我通过小程序的意见栏填写了我的需求后,下午再看小程序就发现商家上架了洗发水。

2022 年 6 月和 2023 年 4 月,北京燃气公司到我们小区查了两次燃气表和燃气灶情况,第一次查燃气表时发现我们家燃气表是老式的,不能在北京燃气 APP 上充值缴费,仍需要到银行缴费才行,这非常不方便,工作人员便积极主动给我们家更换新的燃气表并教我们怎么绑定家庭、怎么查询用气量等,非常耐心、热情。他们说现在会定期到小区上门检查,有问题也可以直接打服务电话,他们都会快速上门检查、维修。

还有就是北京 114 预约挂号平台升级，提供 270 家医院预约挂号，基本覆盖全市重点三级医院，增加了号源总供给量，新增检查报告查询功能等。家里有爷爷奶奶，需要定期去检查身体、复查、开药等，之前大都是在每个医院自己的小程序里挂号，每个都要单独输入一遍医保卡号、身份证号等内容，现在只需要在 114 平台上填写好个人有关信息便可以挂不同医院的号，而且 114 平台也有电话预约挂号功能，大大方便了子女以及他们的老人。

早在 1949 年中国人民政治协商会议第一届全体会议就确立了我国的国体“人民民主专政”，在 1954 年 9 月召开的第一届全国人民代表大会，就已经确立了我国的政体是人民代表大会制度。自中国共产党建立 102 年来全党始终坚持以人民为中心、坚持人民立场、人民至上，坚持不懈为人民群众办实事做好事，一心一意为百姓造福，共产党人用实际行动诠释了“我将无我、不负人民”的精神理念与崇高情怀。国家、政府、社会都在努力为人民造福。在我们还未来得及担忧食品短缺时就已经为我们提供线上购物平台打消顾虑；在家庭生活中考虑普通百姓的生命安全；在就医服务中提高百姓看病效率、解决看病难问题，这无一不是从日常生活点滴小事中关心人民群众，这是我一个普通公民最能体会到的幸福。我想这就是习近平总书记说的“想群众之所想、急群众之所急、解群众之所难。”

（文法学院法学 21-2　宋玉馨）

新时代赋予新使命　新使命引领新担当

这是一个快速发展的时代，是一个科技的时代，也是一个能让我们实现自己梦想的时代。

人，都有梦，每个人的成长都留下了梦想走过的痕迹。梦想是灯，指引我们勇往直前的方向；梦想是船，搭载着我们驶向成功的彼岸；梦想是书，丰富我们对世界的空白。

“实现中华民族伟大复兴就是中华民族近代以来最伟大的梦想”，身为新时代的青年，我们是实现中国梦的主力军。中国特色社会主义进入新时代，意味着科学社会主义在21世纪的中国焕发出强大生机活力，在世界上高高举起了中国特色社会主义思想伟大旗帜。中国特色社会主义进入的新时代，是科学社会主义必将大放异彩的新时代，也是改革开放不断深入、富强民主文明和谐美丽的社会主义现代化强国必将建成的新时代。青春因有梦想而绚丽多彩，怀有梦想的我们，把个人的青春梦想融入中国梦当中。无数热血青年为了中国梦而奋斗，点燃了自己的青春梦铸就着伟大而又长远的中国梦。

随着科技的进步，我们的生活有了翻天覆地的变化。打开历史的书页，浏览原始人类的生活，钻木取火，打猎为生。如今家家电视、空调、电子产品齐全，给予我们温暖与光明；医疗技术发达，中国人均寿命达到70多岁；开启电脑、手机，可以知晓天下事，可以随时沟通，在信息、资料的海洋之中遨游……科技的不断渗透，从工作到生活，从学习到娱乐。但我们并不能为此而感到满足，止步于此，而是要明白，科技的空间是无限的，我们作为21世纪的青年学生，必须紧跟着科技的脚步，利用科技去实现我们的梦想。

山东省嘉祥县高标准农田里，种粮大户杨承东一点按钮，喷灌设施便自动运行，细小水滴滋润着青青麦苗。1亩地每年基本增收300元。安徽省蒙城县篱笆镇宋圩村的农民宋效利说：“线上申请，代办员跑腿，我不用出门就办好了残疾人证，数字乡村真贴心！”蒙城县2.3万余项政务服务事项全部实现网上办理，让农民“小事不出村，难事有人帮”。科技动能澎湃，质量效益跃升，这是新时代的产物。

山东港口青岛港自动化码头,“90后”小伙儿朱林带上两名同事,进入装卸作业区,找到了预先检测到需要更新的磁钉,写入编码后重新埋设,用时不过几分钟。相较于其他自动化码头人工维护磁钉耗时耗力的传统方式,青岛港自动化码头通过更加智能的方法解决了这个问题。朱林所在的AGV团队联合公司信息技术部团队,通过持续攻坚、反复测试,最终成功为每一台AGV车增加了新的算法和功能,系统自动筛选和分析AGV车所采集的运行数据,用科技手段助力现场设备更加稳定、高效。

翻开历史悠久的长卷,回望中国几千年来那些为了国家而付出的人,有哪一个不是付出辛勤的汗水?只要为了国家而奋斗的人,哪一个没有经历过沧桑岁月的磨砺?中国有梦,延续千年,青春有梦,勇往直前。走进历史的画卷,一代又一代的英雄好汉为国家投身于战争之中,失去了鲜活的生命,他们不惜流血牺牲,不怕敌人飞来的子弹。他们英勇不屈,他们舍生取义,他们艰苦奋斗。他们为了实现中华民族伟大复兴的中国梦而无私奉献,他们用血肉之躯筑起最坚实的后盾,是什么支撑的他们?是那坚定的理想信念,是怀有伟大中国梦的理想信念,“中国梦”对于身为大学生的我来说是青春的梦,成长的梦。弘扬伟大建党精神,就要践行初心、担当使命。我成为入党积极分子已有两年时间,始终以一个党员的身份要求自己,思想上与党的先进性保持一致并努力实践,努力提高各方面的素质。

中国共产党的历史,是一部不断探索、不断创新、砥砺奋进的历史。青年作为社会中最富活力、最具创造性的群体,理应走在创新创造前列。要用伟大建党精神涵养创新活力,大力弘扬敢为人先的首创精神,传承党百年来理论创新、实践创新、制度创新、文化创新的优良传统。树立探索真知、求真务实的钻研态度,用青春书写无愧于历史、无愧于时代的华彩篇章。

百年筚路蓝缕,百年光辉历程。在中国共产党的领导下,以马克思主义为指导,推进社会主义革命和建设,推动改革开放和社会主义现代化建设,实现了中华民族近代以来从落后时代到赶上时代的伟大跨越,进而实现了从赶上时代到引领时代的伟大跨越,为实现中华民族伟大复兴奠定了坚实基础。凝聚了14亿多人民的智慧和力量,创造了令世人瞩目的业绩。我们从昨天走到今天,又从今天走向明天。今天,是历史的交叉点,也是历史的大看台,在这个历史交叉点上,以深邃的历史眼光,既回头看看我们是如何创造光辉的过去,又向前看看我们该如何开辟美好的未来,使建设有中国特色的社会主义的步子走得更快更坚实。

一百多年来，中国共产党团结带领中国人民，征程波澜壮阔，包含着深刻启示。不忘初心、牢记使命，中国共产党始终艰苦奋斗、顽强拼搏，团结带领中国人民不断创造新的历史辉煌，朝着实现中华民族伟大复兴中国梦不懈奋进。

（文法学院法 20-2　安桐锐）

信仰的力量

我叫纪萍萍，来自北方工业大学马克思主义学院原理教研室。我的个人故事来自信仰。

习近平总书记指出："心中有信仰，脚下有力量""小到一个人、一个集体，大到一个政党、一个民族、一个国家，只要有信仰、信念、信心，就会愈挫愈奋、愈战愈勇"。正是因为有坚定的信仰，中国共产党人才得以百年恰是风华正茂，我们的事业才得以蓬勃发展。

作为一名普通的思政课教师，我站在了习近平总书记最重视的一堂课——思政课教学的讲台上，支撑我勇毅前行的，正是来自信仰的力量！

信仰指引方向

我是一名有着十几年媒体工作经历的思政课教师。2018 年，我毅然放弃了领导职级和副高职称，成为一名光荣的思政课教师。面对这样一个转变，家人和朋友不断追问我：你真的要放弃高级职称、优厚待遇，从零开始吗？

面对他们的关切，我回应的是我内心最真实的想法。7 年的马克思主义学习，给了我第二次生命，马克思主义让我学会了何以做人做事、何以成人成事。马克思主义是伟大的信仰，具有无穷的力量。我想告诉更多人，尤其是青年人，马克思主义不是书斋里的学问，它不仅能够帮助我们改造世界和社会，也能够帮助我们过上美好生活。就这样，怀揣梦想的我来到了北方工业大学，站上了思政课的讲台。

信仰激发能量

思政课是习近平总书记最重视的一门课，而思政课教师是办好思政课这一关键课程中的关键，任务艰巨，使命光荣。

在教学中，我力求因材施教，铸魂育人，一张张问卷，一次次交流，我从中分析梳理着学生的关切与困惑。鲜活的素材激励着我全身心地备课磨课，我向革命导师学，从原著中汲取养分；向师长前辈学，在枕边放个小本子，随时记下睡梦中的灵感火花……无数个休息日，反复修改教学设计；数不尽的深夜里，苦思冥想寻求突破。家人说我像一只不知疲倦的陀螺，可我知道，那是信仰之火在燃烧！最终，我尝试将抽象的真理融于学生们最喜欢的身边故事中，在真实跌宕的情节里，传递着信仰的温度与热度。

信仰成就事业

付出终有回报。听着学生们用自己的话分享着学习感悟，传递着马克思主义的立场、观点和方法，我感到无比欣慰。

"老师，听了杨学长和他爸的事儿，真心觉着为人民服务不是一句口号。我和学长一样也是非典那年出生的。我已经写了入党申请书，就是想像那些逆行者一样，以后也能为别人遮风挡雨。"

"老师，下节课是不是要讲小师姐在新环境中的故事啦？小师姐的经历让我见识了真的是爱拼才会赢啊，她让我重新燃起了奋斗的信心。以后我也不给自己的人生设限了。谢谢您！"

"老师，我马上要去部队了，特来感谢您。是您的成长故事和对马克思主义的身体力行，给了我在困境中勇敢前行的温暖和力量。悄悄和您说一句：如果我牺牲了，您千万别难过，因为那将是我的荣耀"……

曾经在思政课上沉默的大多数，不再关注手机和电脑，也不再一心两用地背单词，他们自觉地抬起了头，用心听着来自马克思主义的真理力量。在他们身上，我更加坚定了自己的无悔选择，看到了来自青年马克思主义者的未来和希望。

用行动诠释信仰，笃信而深厚。这信仰感染着学生，学生的变化激励着我。身为思政课教师，我深知无法改变学生生命的长度，但信仰却可以改变他们生命的宽度与厚度。对信仰的追求，能够唤醒灵魂；对信仰的践行，必将滋养生命。因为有信仰，平凡造就伟大！今天的中国，从无数平凡人的奋斗中得来；明天的中国，必将在 14 亿人的拼搏中伟大复兴！

（马克思主义学院　纪萍萍）

以奋斗为笔　谱写时代华章

山河披锦绣，盛世写华章。中国共产党成立的一百多年来，一路披荆斩棘，历经无数磨难，创造了数不清的辉煌。回顾历史，我们走过了漫长而曲折的道路，历尽千山万水，迎来了璀璨的今天。然而，历史只是一个起点，我们需要不断奋进、继续向前。如今在习近平总书记的领导下，我们迎来了新时代，迈向了新征程。在此机遇期，我们新时代青年要成为逐梦时代的主力军，勇于承担使命，敢于无畏向前，为实现中国梦注入青春力量。

伟大祖国的发展历程，是一部波澜壮阔的史诗。今天，我们的祖国正变得更加繁荣富强，国民素质日益提升，社会文明程度也在逐渐增高。犹记得在庆祝中国共产党成立100周年大会上，习近平总书记庄严宣告：经过全党全国各族人民持续奋斗，我们实现了第一个百年奋斗目标，在中华大地上全面建成了小康社会，历史性地解决了绝对贫困问题。是啊，绝对贫困问题是困扰中华民族几千年、困扰世界各国的重大问题，在党的领导下，我们打赢了这场脱贫攻坚战，创造了这个足以彪炳史册的人间奇迹。

我的家乡曾是国家级贫困县，还记得曾经的村子都是土路，一到下雨便泥泞不堪，屋子也都是砖瓦房或土房子。现如今进村的道路已经变成了一条条柏油路，每户人家门口也都修了水泥路连接主路，一排排的三层小楼鳞次栉比，在阳光下闪着耀眼的光芒。村民们都说自从交通方便后，他们在农闲时都会外出务工，到现在各户人家也都得以住楼房、开汽车。这一幕幕的变化，无一不诉说着新时代的巨变。新时代是奋斗者的时代，是千帆竞发、百舸争流的时代，也是群英荟萃的时代，在这个伟大的时代，所有奋斗的人都将得偿所愿，贫困县的村民是这样，我们青年党员也是这样。

在我身边，就有这样一位同学，他跨专业考到我们专业，最初由于理论基础知识薄弱，成绩不如其他同学优秀。但是他却从不放弃希望，凭借自己的勤奋和努力进行积累和实践，除了日常泡在实验室里，也经常参加各种课外活动，一年后他发表了数篇高水平论文并获得奖学金。他的努力被老师同学们看在眼里，最终成长为党员。我这位同学的经历只是新时代千千万万奋斗者的一个缩影，这也启示着我们，只要一往直前地努力，随着我们持续地学习和实践，不断地向前迈进，实现自我成长，总有一天我们可以改变命运，并且取得自己想要的结果。

在新时代的征程中我们必须不断地奋斗，在党的二十大精神的指引下砥砺奋进，这是我们每个人的责任和使命。我们应该始终坚定信仰，在国家发展过程中保持积极进取的态度，并且在自己的领域内发挥自己的全部能量和潜力，这才是真正的奋斗者。

在新时代，我们正在经历一场百年未有之大变局。面对世界格局的不断变化和众多新的风险挑战，我们需要加强自我建设，以适应时代的发展需要。在这个过程中，我们往往需要跨越重重障碍，以取得成功。

党的二十大报告提出了很多重要目标，如全面建设社会主义现代化国家、全面深化改革开放、推动共建“一带一路”等。作为新时代青年党员，我们需要贯彻党的要求，紧紧围绕国家和人民的需要，积极探索和实践，在实现中华民族伟大复兴的进程中做出我们应有的贡献。

在新时代青年成长成才道路上、在实现人生远大理想的过程中，我们也会遇到各种各样的挑战。但是，在解决种种问题时，我们不能仅停留在触及表面的层次，更应该深刻地思考背后的本质原因。无论是在学习科研，还是在创新创业之路上，我们都可以更为大胆和果敢地去尝试那些别出心裁的方案，为社会不断注入新的活力。虽然会遇到种种困难和挫折，但是对于一个真正意义的奋斗者而言，这些都不能成为我们停滞不前或是放弃梦想的理由。

作为新时代的青年党员，一个重要的责任和使命就是积极探索和创新，在党的正确领导下为国家和人民作出应有的贡献，实现自我价值的同时，不断回报社会。我始终相信，只要我们勇往直前，不畏艰险，不断推进创新和进取，我们一定能够为中华民族的伟大复兴建功立业，为我们的祖国更加繁荣和发展作出自己的贡献。

梦想在前方，我们在路上。新时代的中国青年生逢盛世，这是我们实现抱负、施展才华的最好时代。愿我们用脚步丈量祖国大地，用眼睛发现中国精神，用耳朵倾听人民呼声，用内心感应时代脉搏。我们青年党员应牢记党的教诲，不负韶华、不负青春，在青春的赛道上奋力奔跑，在实现中华民族伟大复兴的时代洪流中勇毅奋发、砥砺前行。

新时代的巨卷正在铺展，逐梦人的舞台更加宽广。作为新时代的青年党员，让我们一起以奋斗为笔，谱写时代华章！

（土木工程学院土木研21　蔡然）

以奋斗者的新姿态建功伟大新时代

“幸福就要奋斗”“新时代是奋斗者的时代”“只有奋斗的人生才称得上幸福的人生”……习近平总书记每一句关于奋斗的话语都饱含激情、富有哲理、催人奋进，让无数人深受感染、群情激昂。新时代的阳光格外明丽耀眼，照亮了未来之路；新征程的号角已吹响，成为这个春天激荡在中国大地上的昂扬旋律；奋斗者的不懈努力、与时俱进的创新思维，推动社会进步、促进人民幸福，成为祖国大地上一道靓丽的风景线。

新的奋斗是方向明确、目标坚定的伟大奋斗

目标明确、有着坚定初心的张桂梅是丽江市华坪女子高级中学党支部书记、校长。“让大山里的女孩都有书读”是张桂梅一直以来的心愿和目标，从推动创建全国第一所全免费女子高中，到帮助 2 000 多名山区女孩圆梦大学，张桂梅奋斗的脚步从未停歇，目标也在不断完成。“是党的关怀成就了华坪女子高中，华坪山区女孩能接受教育是党的光辉照边疆的真实体现，所以不管多难多苦，我都带着党员老师坚守这块教育扶贫的阵地。”张桂梅坚定地说。张桂梅之所以能有今天的成就，首先离不开党的关怀，除此之外，她还有一颗方向明确、目标坚定的初心。她凌晨5 时起床，5 时 30 分第一个来到教学楼，为学生点亮每一盏灯，叫早、巡课、带领学生做课间操……一直忙到深夜 12 时，等学生们睡下后，她才拖着疲惫的身体回到宿舍休息。张桂梅始终以一名优秀共产党员的标准严格要求自己，不忘初心、方得始终。她带着她坚定的初心与理想信念，为女高奋斗，为孩子们奋斗，努力让孩子们走得更远更好，到全国一流的学府去深造。

新的奋斗是拥戴核心、紧跟核心的团结奋斗

复兴号巨轮扬帆远航，需要掌舵者；中华民族奋斗征程，需要领路人。如今，华坪女子高中的硬件条件不断改善，教师队伍整体素质明显提升，张桂梅也先后获得

“时代楷模”“全国优秀共产党员”“七一勋章”等多项荣誉。这是拥戴核心、紧跟核心的结果。在十三届全国人大一次会议上，习近平全票当选为中华人民共和国主席、中央军事委员会主席，这是历史的光荣见证，更是人民的共同选择。张桂梅时刻保持与人民心心相印、与人民同甘共苦、与人民团结奋斗的干劲与冲劲，成为新时代中国特色社会主义事业的开创者和奋斗者，为社会与时代献身。在张桂梅的带领下，华坪女子高中党支部很快成立起来，她组织党员和教师学习党章、学习习近平总书记重要讲话精神，拥戴核心、紧跟核心，实行“党员一律戴党员徽章上班，每周重温一次入党誓词，每周组织一次理论学习，每周合唱一支革命歌曲，每周观看一部红色影片”的“五个一”教育活动，让每位党员时刻牢记自己的党员身份，拿出党员艰苦奋斗、自力更生的精神去攻克办学中遇到的困难。为了让女高的学生听党话、感党恩、跟党走，张桂梅引导学生学党章、唱革命歌曲、开展红色课间操，让红色文化教育融入学校思政教育的各个环节。她团结女高的党员教师与学生，全校上下拧成一股绳，努力学习，艰苦奋斗，最终帮助2 000多名山区女孩圆梦大学。这些都是她拥戴核心、紧跟核心的团结奋斗的生动体现。

新的奋斗是百折不挠、一往无前的英勇奋斗

“为有牺牲多壮志，敢教日月换新天”。唯有奋勇前进，唯有牺牲奉献，永远保持永不懈怠的精神状态和一往无前的奋斗姿态，才能实现中华民族的伟大复兴。办学之初，受资金短缺、条件简陋，学校没有围墙、宿舍、厕所以及老师辞职、学生退学等多重因素的影响，学校几乎办不下去。当时，张桂梅的身体也出现了多种问题——额头、后脑、手臂上鼓起很多小包，身患23种疾病。面对多重打击，几乎想放弃的张桂梅在整理档案时发现，留下来的老师中有6名是共产党员，她立刻坚定了要把华坪女子高中办下去的信念：“党员在，党组织就在；有党组织，就没有克服不了的困难。”这体现出了张桂梅百折不挠、一往无前的精神。新的奋斗进程中，只有凭借百折不挠、一往无前的新姿态，才能开创美好的未来。在学生高考时，由于工作劳累过度，张桂梅身体健康状况频出，她忍着病痛将参加高考的华坪女高学生送到考场，学生们进入考场后，她就在考场外静静等候。这是张桂梅第12年送考，放心不下学生的她，坚持要陪学生走完高中的最后时刻。坚持不懈的精神就像生命中的一束光，照亮自己也照亮他人。这种百折不挠、一往无前的英勇奋斗精神是我辈学习的榜样。

新的奋斗,是我们对党和人民的深情表白,也是对中国未来的庄严承诺!幸福要开花,美好要结果。让我们不忘初心、矢志不渝,向着实现中华民族伟大复兴的中国梦继续前进,以奋斗者的新姿态建功伟大新时代。

(文法学院中文20-2　冀秀成)

忆往昔岁月峥嵘　展未来再建新功

时光荏苒，岁月如梭，今年又为学院几位老教师开了退休欢送会，想想自己过几年也要退休了，联想到这大半生经历的时代变迁，不免心怀感慨。

我出生于 20 世纪 60 年代，“文革”结束时我 10 岁，1977 年随父母由江西干校返京，回想当时生活条件很差，我家与另一家合住，两个家庭 4 个大人 3 个孩子共住在一套两室一厨一卫不足 60 $米^2$ 的楼房，然而当时作为孩童的我还是觉得很幸福。

1982 年党的十二大胜利召开，由于党的十二大是我来年高考政治课考试的内容，因此印象很深。那时我家搬进了 70 $米^2$ 的两室一厅，生活条件改善了很多，但购买肉、蛋、豆腐还是要出示家庭副食本，记得当年学校组织劳动还会补发粮票。

1987 年我参加工作到了中建一局四公司。先后参与了国贸大厦、国际展览中心、燕莎商场的建设，参与并见证了北京由古都向国际化大都市转变的建设进程。

1992 年，借助小平同志“南方视察”的东风，我跟随中建一局的一支建设队伍来到了改革开放的前沿广东深圳，亲身体验了 3 天一层楼的深圳建设速度，在自身专业成长的同时也见证了改革开放最前沿深圳特区的蜕变。

1995 年，我到了回归祖国前夕的香港，参与了香港新机场的建设，见证了香港回归的过程，感受到了中国人一雪国耻的民族自豪和幸福。

2002 年恰逢党的十六大胜利召开，在这一年我来到北方工业大学，回想当时的学校情况，办学条件十分简陋，印象中只有 3 栋教学楼和几栋实验楼，建筑工程学院只有土木工程和建筑学两个专业。学校经过这 20 年来的发展，特别是党的十八大以来这 10 年的快速发展，学校面貌也发生了巨大变化，浩学楼、瀚学楼、博远楼、国教餐厅、新图书馆等教学设施相继建成，校园变大了也变美了，学校和学院的办学规模扩大了，办学条件、办学层次和质量也大幅提升了。

这些年来，国家更是发生了翻天覆地的变化。在党的英明领导下，全国人民众志成城，我们加入了世界贸易组织，战胜了非典疫情，抗击了汶川地震，成功举办了举世瞩目的 2008 年奥运会，战胜了新冠肺炎，完成了全面建成小康社会的既定目标,成功举办了举世瞩目的2022年北京冬奥会……当今的中国已经是世界第二大经济体,党和国家事业欣欣向荣,人民安居乐业,生活美满幸福。

2022年10月16日,中国共产党第二十次全国代表大会顺利召开,我怀着激动的心情全程观看,认真学习党的二十大精神。从习近平总书记所作的报告中,我们看到了我国10年来的发展与进步,明晰了未来发展的方向。

抚今追昔,作为一名“60后”高校老教师,一名老党员,更应自觉肩负起党和人民所赋予我们的历史使命,进一步提高自身的理论修养和实践能力,发挥基层党员的先锋模范作用,奋进新征程,建功新时代,为学校学院各项事业的发展尽职尽责,为全面建设社会主义现代化国家贡献自己的力量。

(土木工程学院　柴文革)

在奋斗中成长

我的家乡在遵义，我上的小学就叫遵义市长征小学，这座红色历史城市潜移默化地培育了我血液里的爱国基因。我记得初中时每一次早上升国旗的时候，同学们坚定地站在国旗下注视着国旗升起，下午放学时也需要注视国旗落下。每当那首《歌唱祖国》响起时，我的内心总是心潮澎湃。随着年龄的增长，我对中国共产党有了更深刻的认识，这种骨子里的爱国情愫鼓励我坚定地走在人生的道路上，同祖国的命运一起前进奋斗。

作为一名遵义人，我多次去过遵义会议会址。每一次去都会有不同的感受。年幼的时候去，我总是懵懵懂懂地看着里边展览的历史物件与文字资料，看着屏幕里播放的历史视频，我的内心开始是疑惑的。我不知道红军为什么要长征，也不知道长征路上经历了什么样的挫折与困难，但我的长辈总告诉我毛泽东是这个世界上最伟大的领袖，长征是这个人类历史上最伟大的壮举之一。上了初中以后，我对我所困惑的内容开始渐渐了解，我从历史资料和课本上学习到了长征的历史原因，并且感受到了长征的困难与艰苦。从四渡赤水、飞夺泸定桥、巧渡金沙江等历史事件中，我了解到了红军是一支艰苦奋斗的军队，艰苦奋斗的精神从中国共产党成立以来就融入了党的基因里。这也是今天新中国能够取得伟大成就、站在国际社会的大舞台上的原因之一，一代代中华民族儿女奉献了自己一生的时间，将祖国的发展融入自己人生目标的实现中，将个人的命运投入历史的洪流中，正是通过他们的努力奋斗才筑起了今天的新中国。

新中国所取得的成就与发展也不断地惠及广大人民。作为一名贵州人，我见证了家乡翻天覆地的变化，我记得小时候农村乡下的亲戚还住着瓦片房，随着全面脱贫，家乡的亲戚们建起了新房，家乡上学的表弟享受着国家助学补助，吃着免费午餐，最后也到城里来读书上学了。这些事情真真实实地发生在我的身边，是我的亲身经历。历史和现实告诉我们，只有中国共产党可以领导人民，只有中国共产党不会辜负人民，而美好生活靠的就是不断地奋斗，在奋斗中享受幸福，在幸福中不断奋斗。

在时代的发展过程中，在沧海桑田的变化中，几十年的光景，弹指一挥间，对于当代青年人的我们来说，我们享受了先辈们奋斗的历史果实，过上了更好的日子，是我们的幸运。但我们也需要肩负起实现中华民族伟大复兴的历史使命。当前享乐主义、躺平等错误的价值观冲击着年轻人的思想，误导着年轻人在大好时光里浪费自己的宝贵机遇。青春是朝气蓬勃的，我们青年人应该以不懈奋斗的精神，将自己融入时代发展的潮流中，这样才能实现自己的生活目标以及中华民族伟大复兴的目标。

在新时代，历史车轮滚滚向前，时不我待，中国人民会只争朝夕，共患难，同进退，一心向前，所向披靡！

（土木工程学院土木研21　王维胜）

第二部分

感悟思想伟力，激发奋进动力

百年今梦圆　青年谱新篇

时光知味，岁月沉香。
雄关漫道真如铁，
在中国共产党的带领下，开天辟地，山河换新颜，
东方巨龙如飓风般归来，
左肩担起伟大中国的华夏辉煌，
右肩担起中华儿女的骄傲荣光。

百年求索，信仰如磐，百年中华，永葆年轻，
百年征程，任重道远，百年风雨，砥砺前行，
百年大党，发奋图强！
寥寥几行历史，却是一个个鲜活的生命书写的壮丽篇章，
长津湖上冰雕连，前赴后继，肝胆昭日月，
鸭绿江上红围巾，铮铮铁骨，死志卫家园。
虽知死，仍赴死，
他们看不见未来中国的样子，
却甘愿为了信仰奉献一切。
他们愿做火炬，照亮中华崛起之路，
他们勇担重任，敢为脊梁，
他们最先醒来，却早已离开，
不——
他们从未离开，因为——
我们就是他们！

为有牺牲多壮志，敢教日月换新天，
回首往昔，

党领导中国人民取得一项项举世瞩目的成就，
抗日战争的胜利、中华人民共和国的成立、
改革开放的成功推进、新冠疫情的有效防控……
中国的辉煌来之不易，英雄历史应被铭记，
百年踔厉奋发，理想之光永不灭，
百年栉风沐雨，初心长留天地间！

生来平庸，却也生来骄傲。
纵观古今，青年一代都在为祖国的发展添砖加瓦，
何其有幸，生于这国富民强的盛世，
何其有幸，长在这繁荣昌盛的中华！

青春须有志，奋斗正当时，
浪花淘尽英雄，时势亦造就英雄。
17 岁荣获世界冠军的单板滑雪新星小将苏翊鸣，
失去双臂却在东京奥运会上破了蝶泳世界纪录的郑涛，
在郑州地铁五号线逆行返回救人的于逸飞，
攻克了世界级科研难题的“90 后”科学家白蕊，
重灾一线的“00 后”抗洪战士们，
心中有梦，便不惧风雨兼程，
心中有国，便无畏任何选择，
心中有民，方能务实为民，
心中有党，前路就光芒万丈！

未来在眼前，征途在脚下。
身为新时代的中国青年，
要用知识和理想去武装青春，
要用担当和责任去塑造真我，
要用劳动和奉献去阔步前行，
手持梦想编织的锦帛，
立志明德，英勇无畏，气宇轩昂，
踏上复兴祖国的征途，

奔赴更强大的未来，
向党致以青春的礼赞，对党许下青春的誓言。
我相信，
只要我们有光，国家前途光明灿烂！

（理学院统研21　李佳宁）

百年新征程　奋进新时代

100多年前，我们的国家和人民还在苦难的泥潭中挣扎，人民为生计安稳奔波，国家在动荡中飘摇，是中国共产党带领我们历经百年艰辛走出了一条通往幸福和光明的道路，大步迈进了新时代。现在的中国已经变成了世界上最具影响力的国家之一，人民的幸福生活也迈上了一个新的台阶。迈进了新时代，我们更要砥砺奋进，努力建功立业报效国家，为中华民族再创辉煌。

中国共产党领导是中国特色社会主义最本质的特征，也是中国特色社会主义制度的最大优势。也正是在党的领导下，百年来我们渡过了种种难关。汶川大地震时，我还是个孩子，只能在学校组织的捐款中拿出我所有的零花钱，还不懂这场灾难到底有多么的可怕。长大后再回看这段过往，我才深深地明白了什么叫一方有难，八方支援，什么叫天灾无情人有情；看到了我们中华儿女万众一心、众志成城，不畏艰险、百折不挠的伟大精神；更震撼于党中央的决策能力。地震发生后，党中央在第一时间把抗震救灾确定为全党全国最重要最紧迫的任务，迅速组织各方救援力量赶赴灾区，为地震灾区发放物资，武警官兵及救援队及时冲锋在前，用双手在废墟中为人民带来新的希望。在这场抗震救灾中我们党和人民所绽放的强大精神动力，必将永远激励我们向前！在新冠疫情暴发时期，是党带领着人民，展现着党的政治领导力、思想引领力、群众组织力、社会号召力。我作为当时的一名小小志愿者，看到过在核酸检测点工作到凌晨的医护人员，看到过为居民送物资风里来雨里去的志愿者。个人力量渺小，但在党的领导下，全国人民心往一处想，劲往一处使，拧成一股绳。

从古至今，中国人从来不缺乏顽强、勇敢、拼搏的精神，这种精神源远流长，深深地浸透在中国人民的血脉中。那些勇毅的英雄我们至今也没有遗忘，每年阳春三月，从中央到地方，我们会学习雷锋，举办“雷锋月”活动，向雷锋同志学习。我们是有着镐头式精神的建设者、有着钢铁般意志的奋斗者，我们始终在奋进的征程中，迎着风雨，坚定向前。百年来，我们完成了几乎不可思议的巨大变革，从一穷二白、发展落后的国家，逐步朝着富裕强大、现代化的方向迈进。

周恩来总理说“为中华之崛起而读书”，有时候我在想，那我是为什么读书呢？儿时的我是为考试考好，母亲买好多玩具；中学是为考试考好，能上个理想好大学；大学则是为了毕业了找个好工作。习近平总书记在党的二十大报告中谈到，“当代中国青年生逢其时，施展才干的舞台无比广阔，实现梦想的前景无比光明。”这段话让我倍感振奋、信心满怀，青年人展现梦想的舞台国家已经为我们搭建好，我们又怎能虚度光阴！我们要“为实现中华民族伟大复兴而读书”！作为一名学生，虽不起眼，虽一人之力有限，但生如蝼蚁，也应有鸿鹄之志。纵然只是万千江河里的一滴水，也能汇聚力量掀起一波巨浪。作为一名新时代青年，我们应该以不断艰苦卓绝之努力向前，使自己的人生更有意义，将中国社会发展不断推进。

在新的时代里，我们面临着许多新的挑战和机遇。我们必须意识到这将是我们实现全面持续发展的良机。我们需要更加奋发有为、勇争先锋，全心全意为人民服务，坚持以人民为中心，为国家富强、民族伟大、人民幸福而努力。今天的世界比以往任何时候都更加快速变化着。面对新的环境，我们要勇于创新，勇于尝试、勇于创造，站在时代的高度上去思考，走出一条符合我们国家特点和发展方向的新路子。

百年新征程，奋进新时代，中国人民肩负着更加伟大的历史使命。我们需要时时谨记我们的使命，在新征程中奋进，展示我们中国人民的精神风貌，向着建功新时代的目标稳步前进，一步一个脚印地迎接新挑战，为实现中华民族的伟大复兴、推进人类文明的进步发展而奋斗！

（土木工程学院土木土建专研21　张锦峰）

奋进新征程　做新时代的好青年

2022 年 10 月 16 日，党的二十大在北京隆重开幕。此次大会是向着第二个百年奋斗目标，向着全面建成社会主义现代化国家迈进的关键时刻召开的一次大会，也是党带领人民实现中国梦、踏上新征程的重要节点。在党的二十大的辉煌中，世界目光越来越聚焦中国，历史重任越来越赋予青年。青年强，则国家强，当代中国青年生逢其时，施展才干的舞台无比广阔，实现梦想的前景无比光明，要坚定理想信念，自觉担当历史重任，让青春在新征程的火热实践中绽放绚丽之花。

有理想，做“眼中有光”的新时代好青年。敢于有理想追求，才能拥有梦想成真的喜悦。中国人民是具有伟大梦想精神的人民。从盘古开天辟地、女娲补天到小康生活理念、大同社会理想。中国人民放飞梦想追求美好的宝贵传统千百年来生生不息。实现理想的过程不是一蹴而就的，它具有长期性、艰巨性和曲折性。我国载人航天事业从 1992 年载人航天正式启动到 2003 年中国第一艘载人飞船神舟五号顺利升空，再到 2021 年 3 名航天员进入中国空间站。这生动地体现了理想的实现是一个动态的过程。青年的理想信念关乎国家未来，青年理想远大、信念坚定是一个国家、一个民族无坚不摧的前进动力。广大青年要志存高远，坚定树立对马克思主义的信仰、对中国特色社会主义的信念、对中华民族伟大复兴中国梦的信心，树立为祖国为人民永久奋斗、赤诚奉献的坚定理想，永远跟党走，奋进新征程。

勇担当，做“肩上有责”的新时代好青年。一代人有一代人的责任和抱负，一代人有一代人的使命与担当。古有岳飞立志收复中原，身先士卒摧精击锐，舍生忘死精忠报国；今有“大山的女儿”黄文秀在基层倾情投入，用美好青春诠释初心使命，用宝贵生命捍卫盛世中华。新时代青年在脱贫攻坚战场摸爬滚打，在科技攻关岗位奋力攀登，在疫情防控一线披甲出征。当代青年尤其要发扬担当精神，在党和人民最需要的时刻冲出来、顶上去，主动吃苦担责，提高担当能力和本领。2020 年 7 月，疫情突发，我在家乡积极报名参加了当地的志愿者，协助医生和村委班子进行核酸检测以及发放物资等。这次经历让我深知自己身上肩负着沉甸甸的责任。在全面建设社会主义现代化国家、全面推进中华民族伟大复兴的新征程上，需要新时代中国青年坚守爱国初心、勇担历史使命,在担当中尽责、在尽责中成长,勇敢做走在时代前列的奋进者、开拓者、奉献者,用肩膀扛起新一代青年如山的责任。

能吃苦,做"手上有招"的新时代好青年。青年时期是苦练本领、打好基础的阶段,也是增长才干的黄金时期。吃苦能够让人历练能力,提高本领。练就过硬本领不是轻轻松松、随随便便就能实现的,而是脚踏实地、刻苦学习干出来的。毛泽东同志曾说,"经过了长征,红军人数虽然减少,力量却比以前极大增强。"出身于革命家庭的习近平总书记 15 岁时去了陕北插队,在这 7 年的艰苦生活中极大地锻炼了自己,实现了彻底的转变,因此他提倡年轻人要"自讨苦吃"。青年时代,选择了吃苦也就选择了收获,选择了奉献也就选择了高尚。作为新时代的青年,我们要敢于吃苦,不怕吃苦,在吃苦中锤炼意志、强壮筋骨,历练能力、提高本领,在做好每一件小事、完成每一项任务中增长本领,把遇到的一切困难都当作考验自己、历练自己、超越自己的"朋友"。

肯奋斗,做"脚下有路"的新时代好青年。艰苦奋斗是实现理想成就未来的重要条件,更要脚踏实地,从今天做起,从脚下做起。人的本事有大小,际遇各不同。"杂交水稻之父"袁隆平几十年如一日地奋斗在田间地头,最终成功研发出杂交水稻,让更多人摆脱了饥饿;2021 年感动中国人物江梦南,从失聪到清华博士,她从未把自己放在弱者的地位上,不断奋斗,坚强地跨过了人生中一道道看似不可逾越的山峰。她用自己的人生故事诠释了奋斗的意义。孙中山先生曾激励广大青年,要立志做大事,不要做大官。今天的大事就是投身于新时代中国特色社会主义伟大事业、实现中华民族伟大复兴的中国梦。习近平总书记在多个场合强调,"天上不会掉馅饼",一定要"撸起袖子加油干"。人世间一切美好的东西都是用双手干出来的。奋斗是人生永恒的主题,奋斗必有所值!

青春要与时代相呼应,青年要与祖国共奋进,青春只有在为祖国和人民的真诚奉献中才能更加绚丽多彩,人生只有融入国家和民族的伟大事业才能闪闪发光。我们要继续深入学习贯彻党的二十大精神,用党的科学理论武装青年,用党的初心使命感召青年,奋进在新征程的道路上,我们要争做新时代的好青年,为现代化国家的建设贡献自己的力量。

(马克思主义学院马理论研 21　武亚茹)

风劲帆满图新志　砥砺奋进正当时

奋进新征程，建功新时代！新时代是奋斗者的时代，新的春天，新的征程，新的出发。从党的二十大到全国两会，宏伟的蓝图鼓舞人心，时代的号角催人奋进，两会精神为我们指明了方向。作为一名当代大学教师，我深感生逢其时，施展才干的舞台无比广阔，实现梦想的前景无比光明。同时也深感责任重大，使命光荣，我们不仅是新时代的见证者，更是新时代新征程的践行者和攀登人！

面向“十四五”，我们学校明确提出“三步走”战略目标，重点实施人才培养固本强基计划、标志性成果培育计划、优秀人才引育计划和体制机制改革计划等。作为一名北方工大教师，我将以昂扬向上的风貌，继承和发扬奋斗精神，敢于拼搏，敢于奋斗，自觉担当尽责，成为践行学校战略目标的先锋，做到立德树人。

习近平总书记说：“实现高水平科技自立自强，是中国式现代化建设的关键。”作为一名高校教师，我也应为国家的科技进步和国家的现代化做出贡献。工作中，无论是教学还是科研，我都会以优秀党员的标准严格要求自己。教学上，我积极承担院、系安排的本科和研究生教学工作，指导本科生、研究生撰写论文。在教学过程中，我会针对不同的学生认真备课，注重教书育人。我的授课对象包括本科生、研究生和博士生。希望学生们能够在大学期间，在我们广大教师的努力下，在心间播撒一颗“红色的种子”，生根、发芽，长成参天大树，最终立志报国。科研上，我主持并完成了一项国家自然科学基金（青年基金）项目“带有非局部项的耦合双曲系统的镇定与控制”，同时积极申报国家自然科学基金（面上项目），已发表高质量的SCI论文10余篇。

“红船”是中国共产党的“母亲船”，“红船精神”更是教育当代中国共产党人的无价瑰宝。我积极参与支部组织的各项活动，让我印象最深的是学校组织党员前往嘉兴南湖开展党性教育专题培训。南湖是红色圣火的发源地，通过追寻红色记忆，铭记中国共产党的奋斗历程，我深刻了解红船精神，在学思践悟中汲取红船精神精髓，坚定共产主义远大理想信念根基。我首先聆听了“不忘初心、牢记使命　大力弘扬红船精神”主题教育党课。主讲老师结合中国共产党创建历史,以缜密的理论思维、翔实的历史考证、独特的思想观点,深度解读了中国革命精神之源——红船精神;在纪念馆的宣誓墙前,我们再一次重温入党誓词,对党作出了庄严的承诺;在参观南湖革命历史纪念馆的过程中,我们沿着中国共产党历史的脉络,参观学习了大量的历史珍贵资料,重温了中国共产党从无到有、从弱到强、带领中国人民走向胜利的革命历程,进一步坚定共产主义理想信念;随后沿着先辈的足迹,重走"一大"路,乘船登湖心岛,瞻仰红船,大家边走、边看、边悟,感受革命创业的艰辛历程,感悟新时代红船精神。

"红船精神"是激励我们奋力前行、顽强拼搏的强大精神动力。我曾担任党务秘书以及教学助理,兼任数学教师党支部委员,辅导学生自习、组织"学霸讲堂"等。在与学生交流的过程中,我会把"红船精神"渗透给学生们。我经常给学生们讲"红船精神"是民族精神在革命年代的生动体现,是中国共产党革命精神的重要组成部分,是中国共产党血脉相承的红色基因,具有重要的历史地位。"红船精神"体现了中国共产党的优良传统,是中国共产党人的精神支撑。

作为高校教师,我深入学习贯彻落实党的二十大精神,用智慧点燃学生对真、善、美的追求,用理想激发学生的爱国热情和报国之志,为党和国家培养忠诚的爱国者和时代的奋进者。我积极辅导学生参加各类竞赛,让学生通过参加比赛真正体会到"处处是创造之地,天天是创造之时,人人是创造之人"。2020 年我辅导戴梦真、乔铭宇、梁笑 3 名同学参加全国大学生数学建模竞赛获二等奖;2018 年辅导路凝箫、李易、李峥妍三名同学参加全国大学生数学建模竞赛获二等奖。我不仅把自己的知识和技术传授给学生们,还通过活动开发他们的智慧和能力,更重要的是通过建模活动培养学生的学习兴趣和学以致用的能力。我潜心研究活动的规律,把教育和心理学引入建模活动,根据学生的心理特性和年龄特征以及他们的愿望和能力,指导他们选择活动项目和内容。几年来的竞赛辅导工作,得到领导们的好评。

教育兴则国兴,教育强则国强。作为一名北方工业大学的教师,"严肃,严格,严谨"我不会忘记,"敦品励学,才德并懋"我不会忘记,"不忘初心、牢记嘱托"我不会忘记!风劲帆满图新志,砥砺奋进正当时,一代人有一代人的长征,一代人有一代人的使命。作为高校教师,我将认真贯彻党的二十大精神,落实教育高质量发展的要求,坚定人才培养的信心和方向,为全面建设社会主义现代化国家贡献自己的力量。

(理学院　苏玲玲)

坚定不移跟党走　努力奋进新征程

“没有共产党就没有新中国”，102 年前，随着中共一大的成功召开，中国共产党在嘉兴南湖的游船上宣告诞生。这一开天辟地的大事变，深刻改变了近代以后中华民族发展的方向和进程，深刻改变了中国人民和中华民族的前途和命运，深刻改变了世界发展的趋势和格局。一百年来，党领导人民浴血奋战、百折不挠，创造了新民主主义革命的伟大成就；自力更生、发愤图强，创造了社会主义革命和建设的伟大成就；解放思想、锐意进取，创造了改革开放和社会主义现代化建设的伟大成就；自信自强、守正创新，创造了新时代中国特色社会主义的伟大成就。这些成就无不向我们证明着中国共产党始终把为中国人民谋幸福、为中华民族谋复兴作为自己的初心使命，无不向我们证明着我们应继续坚定不移跟党走，继续在新征程上书写新的辉煌。

习近平总书记在考察中国人民大学时指出，立足新时代新征程，中国青年的奋斗目标和前行方向归结到一点，就是坚定不移听党话、跟党走，努力成长为堪当民族复兴重任的时代新人。“青年者，国家之魂”，一代人有一代人的使命，新时代是奋斗者的时代，出生于这个充满机遇与挑战的时代的中国青年是实现中华民族伟大复兴的先锋力量，我们应以民族复兴为己任，用脚步丈量祖国大地，用眼睛发现中国精神，用耳朵倾听人民呼声，用内心感应时代脉搏，把对祖国血浓于水、与人民同呼吸共命运的情感贯穿学业全过程、融会在事业追求中。

工大学子们身体力行地把对祖国的热爱与对党的信仰贯穿于对学业与理想的不懈追求中。“请党放心，强国有我”并不仅是一句口号，这贯穿于工大学子们的实践与行动中；对祖国与党的热爱也绝不只是嘴上说说，这根植于工大学子的骨髓里，已然成为信仰。无论是在中国机器人及人工智能大赛、全国大学生数学竞赛、MathorCup 高校数学建模挑战赛、国际大学生数学建模竞赛等竞赛活动中，还是在冬奥会冬残奥会等志愿服务活动里，抑或在文艺、体育活动内，我们都能看到工大学子们在青春赛道上奔跑奋斗的身影。不管在科技创新的一线上，还是在携笔从戎队伍里，我们都能看到工大学子们无私奉献、默默坚守的身姿。工大学子们携带热爱奔赴山海，始终与国家振兴相向同行，向祖国许下“强国有我、请党放心”的誓言，身体力行投入社会主义现代化事业的建设中，把对祖国血浓于水、与人民同呼吸共命运的情感贯穿学业全过程、融会在事业追求中，让青春在实现中华民族伟大复兴的中国梦中大放异彩，用青春的智慧与创造力打拼出一个更好的中国！

从我进入北方工业大学以来，我的身边随处可见工大学子们的奋斗身影，理学院 2018 级信息与计算科学专业的周澳同学，他的视力严重障碍，但这阻挡不了他对学习的热爱，对理想的追求。他多次荣获各类奖学金，获评北京市优秀本科毕业生、2021 年学校五四青年奖章且成功保研至中央财经大学继续深造。在他的身上有着工大学子不畏艰险、迎难而上、勇于面对困难的坚韧与对自身理想与热爱的执着。机械与材料工程学院的吴炜宸同学大学四年累计参加各类志愿活动 50 余次，服务时长 2 800 余小时，被评为北京市五星志愿者。从他身上我们可以看到工大学子身上无私奉献、乐于助人的精神与“以青春之我创造青春之国家”的豪迈与热情。在北方工业大学里这样的人与事还有很多，都是工大学子在青春赛道上奋力奔跑挥洒汗水的身影和他们对祖国的热爱、对党的信仰、对理想的不懈追求。

习近平总书记在考察中国人民大学时强调，好的学校特色各有不同，但有一个共同特点，都有一支优秀教师队伍。对教师来说，想把学生培养成什么样的人，自己首先就应该成为什么样的人。“育人为本，尊师爱生，学术优先，协调发展”是北方工业大学的办学理念，“因材施教，素质为先，全面发展”是北方工业大学的育人特色，也是工大老师们深植于心的教学理念。他们因材施教，以身作则，注重学生们的全面发展；他们严爱相济、润己泽人，以人格魅力呵护学生心灵；他们以身作则，言传身教，以人为本，勇于创新，以模范行为影响和带动学生。他们将自己的青春挥洒在热爱的教育事业上，把对祖国血浓于水的热爱融于对事业的不懈追求中。

在青春赛道上奋力奔跑着的不仅有工大的学子，还有工大的老师们。无论在核酸检测志愿服务的第一线，还是北京高校教师教学创新大赛等比赛的赛场中，或是在三尺讲台上，在我们身边随处可见无私奉献的工大老师们的奋斗身影。建筑与艺术学院的李道勇老师坚持以人为本、勇于创新，他曾获北京市青教赛二等奖、最佳教案奖、最佳教学回顾奖，入选“青年教学骨干教师”，荣获首届全国高校教师教学创新大赛一等奖、北京市特等奖、2022 年首都劳动奖章。他坚持科研先导、助推教学，主持国家自然科学基金青年项目、北京自然科学基金面上项目、北京市教委青年拔尖个人项目、北京市委组织部青年骨干个人项目等横纵向课题 20 余项，发表中文核心期刊、国际国内会议论文 20 余篇，出版个人专著 1 部。同时他还注重以人为本、严爱相济、实践育人。在李道勇老师身上我们能看到工大老师的迎难而上、敢为人先、不懈奋斗精神以及北方工大青年教师敢于肩负立德树人的使命与担当。工大还有很多可爱可敬的老师,他们的教学方式或有不同,可不变的是他们在青春赛道上奋力奔跑的身影和他们敢于肩负立德树人使命的担当精神。

中国共产主义青年团是中国共产党领导的先进青年的群团组织,是广大青年在实践中学习中国特色社会主义和共产主义的学校,是中国青年运动的先锋队,是中国共产党的忠实助手和后备军。坚定不移跟党走,为党和人民奋斗,是共青团的初心使命。一百年来,在党的坚强领导下,共青团组织引导一代又一代青年坚定共产主义信念、紧跟党的脚步,把青春与对祖国的热爱、对党的信仰融入实现中华民族伟大复兴的奋斗征程中,为争取民族独立、人民解放和实现国家富强、人民幸福贡献力量。

习近平总书记在庆祝中国共产主义青年团成立100周年大会上的讲话中强调:千百年来,青春的力量,青春的涌动,青春的创造,始终是推动中华民族勇毅前行、屹立于世界民族之林的磅礴力量!"时代各有不同,青春一脉相承",在不同的时代里,环境与机遇或有不同,相同的是青年对祖国的热爱与对党的忠诚信仰,是一代又一代青年坚定不移跟党走,用汗水与智慧不遗余力地在青春的赛道上不懈奋斗的画面。在新民主主义革命时期,广大团员青年在党和共青团的带领下踊跃投身反帝反封建的工人运动、农民运动、学生运动,坚定不移跟党走,经受住了生与死的考验,用青春与热爱为中国革命建立了重要功勋。在社会主义革命和建设时期,广大团员青年在党和共青团的带领下激发出"敢教日月换新天"的豪情,喊出"把青春献给祖国"的响亮口号,向科学进军,向苦难进军,向荒原进军,坚定不移跟党走,主动作为,勇挑重担,用青春与热爱为祖国建设建立了重要功勋。在改革开放和社会主义现代化建设新时期,广大团员青年在党和团的带领下发出"团结起来、振兴中华"的时代强音,敢为人先,革故鼎新,用青春和热爱为改革开放和社会主义现代化建设建立了重要功勋。在如今中国特色社会主义新时代,广大团员青年在党和团的带领下自觉担当重任,在脱贫攻坚战中摸爬滚打,在抢险救灾前线冲锋陷阵,在疫情防控中挺身而出,在奥运赛场上奋勇争先,在边疆哨位上威武守护,坚定不移跟党走,在党和人民最需要的时刻冲得出来,顶得上去,用青春和热爱为党和国家事业建立了重要功勋。

从新民主主义革命时期到社会主义革命时期再到改革开放和社会主义现代化建设新时期以及到如今中国特色社会主义新时代,时代虽在改变,不变的是一代代团员青年在青春赛场上奋勇拼搏挥洒汗水的身影,是一幅幅团员青年勇担重任,让青春在实现中华民族伟大复兴的中国梦中绽放异彩的画面。作为工大学子的我们也理应向先辈们学习，不畏艰险，敢为人先，坚定不移听党话、跟党走，勇担重任，用实际行动喊出“请党放心，强国有我”的誓言。

“雄关漫道真如铁，而今迈步从头越”。在过去的一百年里，全国各族人民坚定不移跟党走，万众一心，齐心协力，胜利实现了第一个百年奋斗目标，在中国全面建成小康社会，正乘势而上向着全面建成社会主义现代化强国的第二个百年目标迈进。实现中华民族伟大复兴的中国梦是一场历史接力赛，现在接力棒交到了我们的手中，作为新时代的中国青年，我们重任在肩。作为工大学子的我们，应时刻用“敦品励学，才德并懋”的校训勉励自己，以“严肃、严格、严谨”的校风激励自己，求真务实，脚踏实地，迎难而上，敢为人先，不断追求进步与卓越，坚定不移跟党走，以民族复兴为己任，在青春赛道上奋力奔跑，切实做到“青春向党，不负人民”！

（理学院信科20-2　李佳）

坚定理想信念　铭记使命担当

党的二十大报告描绘了全面建设社会主义现代化国家、实现第二个百年奋斗目标的宏伟蓝图，总结了国家过去五年的宏伟工作和新时代十年的伟大变革。此报告不仅是一份工作上的全面总结，更是一次系统的实践经验的全面总结，是一次思想政治精神上的全面总结，报告为党和国家今后的前进明确了方向、指明了道路、确定了奋斗目标、规划了行动纲领。

习近平总书记在党的二十大报告中特意对广大青年提出了期望："广大青年要坚定不移听党话、跟党走，怀抱梦想又脚踏实地，敢想敢为又善作善成，立志做有理想、敢担当、能吃苦、肯奋斗的新时代好青年，让青春在全面建设社会主义现代化国家的火热实践中绽放绚丽之花"。作为青年大学生的我们应在中国共产党的领导下积极响应习近平总书记的号召，勇于发挥先锋模范作用，不忘初心、牢记使命，谦虚谨慎、艰苦奋斗，敢于斗争、善于斗争，坚定不移听党话、跟党走，为谱写新时代中国特色社会主义更加绚丽的华章奉献我们的一份力量！作为习近平总书记口中的广大青年的一员，我在大学的学习与生活中便承担起了自己的一份责任，努力践行习近平总书记对青年的要求，积极实现习近平总书记对青年的期望，始终将党的二十大精神作为我的行动指南，在思想政治、学习生活以及日常工作中不断取得显著的成果。

作为一名从农村来到国家首都北京求学的大学生，我深知国家为我提供的学习平台是多么的来之不易。自入学三年来，我不断奋斗，在各方面都有了质的飞跃。在思想政治方面，我从一名共青团员逐步成长为一名入党积极分子，再到党员发展对象，直到今天成为一名真正的中共党员，我为这份荣誉深感骄傲与自豪。在这个过程中，我不断学习党的相关理论，积极用党的理论与思想武装自己的头脑，加强思想政治方面的学习与理解，连续两年获得北方工业大学思想品德一等奖学金，并在本学期党员评议中光荣地被党组织评为"优秀党员"。在学习与日常生活中，我明白学习是大学生的首要任务，始终将习近平总书记对青年大学生的要求作为我的行动指南，努力将理论与实践相结合，学习成绩一直名列前茅，获得北方工业大学学习一等奖学金、二等奖学金，连续两年获得国家励志奖学金，并在 2022 年获得北方工业大学“校级三好学生”称号。在学习之余，我努力践行习近平总书记对新时代中国青年的要求，积极参加各项志愿服务与社会实践活动，在 2022 年被评为“一星志愿者”。与此同时，我不断参加各项专业竞赛，提升自身专业素养，获得北京市大学生数学竞赛三等奖等多个奖项。习近平总书记指出：“我们正处在大有可为的新时代。年轻干部要起而行之、勇挑重担，积极投身新时代中国特色社会主义伟大实践，经风雨、见世面，真刀真枪锤炼能力，以过硬本领展现作为、不辱使命。”我积极响应习近平总书记的号召，勇于承担自身责任，努力成为学院主席团的一员，同时担任党支部纪检委员一职，为学院以及党支部工作做贡献，并将这些实践活动作为锻炼的机会，在工作中不断将理论与实际相结合，在实践中反思自身不足，不断进行自我改进，行动能力得到大幅度的提升，获评北方工业大学“校级优秀学生干部”“院级优秀团干部”等称号。

习近平总书记曾提出：“年轻干部接好班，最重要的是接好坚持马克思主义信仰、为共产主义远大理想和中国特色社会主义共同理想而奋斗的班。”在一次次学习中，每一次锻炼都是我成长道路上的助推剂，都是我通往成功之路上的垫脚石。作为一名青年大学生，我始终不忘初心、牢记使命，在学习党的二十大报告中不断接受党的精神洗礼，吸收丰富的精神食粮。在学习过程中我更加明白了平安幸福生活的来之不易，深刻领悟到了作为青年大学生的我们应该铭记历史，培养自力更生、艰苦奋斗的创业精神，坚持理论联合实际、不断开拓创新的拼搏精神，秉持全心全意为人民服务的奉献精神，同时弘扬伟大建党精神，坚定历史自信，增强历史主动，发扬斗争精神，全面贯彻习近平新时代中国特色社会主义思想，勇毅前行、团结奋斗，奋力谱写全面建设社会主义现代化国家新篇章！

（经济管理学院工商管理管 20-2　杨巧）

践行党的二十大精神　勇担教育新使命

党的二十大报告把实施科教兴国战略，强化现代化建设人才支撑摆在更加突出的位置，进一步强调办好人民满意的教育。作为一名高校教师，理应以党的二十大精神为指引，牢记教育人的初心使命，团结奋斗，以落实立德树人为根本任务，始终践行"为党育人、为国育才"光荣使命。

3 年前，我第一次担任计 19-3 班导师。作为一名新手，当时心情是既兴奋又紧张，兴奋的是当了这么多年学生后终于有了自己的学生，紧张的是不知道自己能把学生们带到一个什么样的高度。

在这 3 年里，我时刻把立德树人作为根本任务，热情、耐心、真诚地对待学生。我经常深入学生中，与学生一起参加集体活动，给他们加油、鼓劲；经常与学生交流、谈心，了解学生的生活、学习、家庭情况，并鼓励学生刻苦、上进；对生活困难的同学施以援手，真正做到导学习、导思想、导生活。关于此，我具体分享如下三点体会。

第一，紧抓班级学风建设

我本着"拔高上限、守住底线、头雁领航、共同进步"的理念，从新生入学的第一次班会开始，就引导同学们树立努力学习专业知识的意识。学习是大学生的本职工作，学习顺则百顺。在做导师自我介绍时，我结合自身学习经历，告诉同学们在大学期间要把学习摆在最重要的位置，因为大学期间不仅要取得好的考试成绩，还要参加学科竞赛和科研项目。同时给同学们讲解了如何快速养成良好的学习习惯，优化好自己每天的 24 小时。另外还邀请了高年级的学霸们为同学们做经验分享。新生入学的第一个学期是关键的习惯养成学期，在这学期，我坚持走访男生寝室，而且经常是在晚上搞完科研以后，像上学期间回宿舍一样，去观察大家的学习生活状态，并现场解决遇到的问题，取得了非常好的效果。班级很多同学在大一上学期就参加了学校程序设计新生赛，并在期末考试中崭露头角。对于学业遇到困难的同学，班级专门成立了预防挂科领导小组，我担任组长，组织班里的学霸们一对一进行辅导。经过 3 年的努力，班级 4 人保研，6 人考上研究生，全员参加学科竞赛，共获得 ICPC 亚洲区域赛、天梯赛和蓝桥杯等国家和省部级奖 110 余项，获得包括国家奖学金在内的各类奖学金和竞赛奖励 30 余万元。到了大三下学期，班级已经没有同学挂科，并全员进入毕业年级。

第二，关注学生的思想动态

班级在大一上学期，就定下了"和而不同，敢为人先"的班训，很多同学上大学都是第一次离开家乡，离开父母，来到大学过集体生活，思想情绪容易波动，在这个时候更需要打造一个"和"的班集体，并关注每个同学的差异，让大家感受到班级大家庭的温暖，与寝室班级同学、老师建立信任。同时充分挖掘每个同学的潜力和天赋，并把这些闪光点发扬光大，就构成了计 19-3 班坚强的班集体。在具体的实践当中，我积极关注班级的党团建设，引导同学们思想上要求进步，积极入团入党，发挥党员、班干部和寝室长在班级同学中的引领作用，形成积极向上的正能量，树立正确的人生观和价值观。作为班导师，我会定期尤其是在关键时间节点上组织班会和谈心谈话，为同学们答疑解惑。例如，在新冠疫情期间，班级学生在居家或者封校状态下生活，容易产生焦虑情绪，定期的班会和单独的谈心谈话能让学生们排解焦虑，更好地学习和生活。另外，积极与辅导员和学生家长交流沟通，更加立体地了解学生的思想状态。当前，班里 23 名同学正处在考研的关键冲刺阶段，我早在大三上学期就成立了班级的考研冲刺群，进行思想动员和考研的指导工作，同学们整体复习状态良好。

第三，引导学生积极参加各类实践活动

德智体美劳全面发展，是我们国家教育的一个很重要的出发点。在学习之余，我积极引导同学们参加文体和志愿服务活动。例如，同学们积极参与到冬奥会和冬残奥会全球志愿者服务、北京马拉松志愿者、学校的蓝马甲志愿服务团队以及抗疫志愿者等志愿服务活动当中，到目前为止班级有 6 名同学获得校星级志愿者称号。班级同学积极参加各类体育活动，获得了北京市健美操、艺术体操和跆拳道比赛的奖项。同时，在疫情的窗口期，我们班很难得地开展了一次线下团日活动，我带领同学们参观了天安门广场、国家博物馆和军事博物馆。这些活动都极大地丰富了同学们的大学生活。

党的二十大报告指出"培养什么人、怎样培养人、为谁培养人是教育的根本问题。"我国是中国共产党领导的社会主义国家，我们的教育必须把培养社会主义建设者和接班人作为根本任务，培养一代又一代拥护中国共产党领导和我国社会主义制度、立志为中国特色社会主义奋斗的有用之才。我相信毕业后走向社会的北方工业大学同学们，能够在以中国式现代化全面推进中华民族伟大复兴的新征程中贡献自己的智慧与力量！

（信息学院　李源）

努力争当"五个模范"在实现民族复兴的赛道上奋勇争先

习近平总书记在庆祝中国共产主义青年团成立100周年大会上发表重要讲话，提出新时代共青团员"五个模范"的标准和要求：要做理想远大、信念坚定的模范，要做刻苦学习、锐意创新的模范，要做敢于斗争、善于斗争的模范，要做艰苦奋斗、无私奉献的模范，要做崇德向善、严守纪律的模范。这五个方面相辅相成，体现了习近平总书记对青年成长成才规律的准确把握，为年轻一代增强"请党放心，强国有我"的青春担当指引了正确方向。广大青年要始终牢记习近平总书记的殷殷嘱托，砥砺奋进、永久奋斗，在全面建设社会主义现代化国家、实现中华民族伟大复兴的壮阔征程中书写新时代中国青年的光辉篇章。

强大精神装备：用信仰之光照亮理想青春的靓丽航向

习近平总书记指出：新时代的中国青年，更加自信自强、富于思辨精神，同时也面临各种社会思潮的现实影响，不可避免会在理想和现实、主义和问题、利己和利他、小我和大我、民族和世界等方面遇到思想困惑，更加需要深入细致地教育和引导，用敏锐的眼光观察社会，用清醒的头脑思考人生，用智慧的力量创造未来。每一代青年都有自己的际遇和机缘，都要在自己所处的时代条件下谋划人生、创造历史。谋划人生背后体现的是理想信念和价值取向的选择。

理想信念是基石，是灯塔，只有踏着崇高信仰的基石执着而上，方能观云如海，听涛似潮；只有朝着信仰的灯塔破浪前行，才能引领青春之我在遭遇人生迷雾时走出迷茫困惑。正是由于信仰的力量，年仅29岁的江竹筠做出了生命从容的青春选择。正是由于信仰的力量，才有了李大钊以青春之我创造青春中国的气吞山河；正是由于信仰的力量，才有了陕北梁家河窑洞油灯下7年苦读的兴国之光。不畏山高路远的跋涉者，高山大川回馈以最奇绝的秀色；不惧风高浪急的弄潮儿，远海大洋回报以最壮丽的日出。对信仰的忠诚与守望，是震古烁今的人间正道，是无往不胜的精神密码。

时光永不停歇，精神穿透岁月。"无论过去、现在还是将来，对马克思主义的信仰，对中国特色社会主义的信念，对实现中华民族伟大复兴中国梦的信心，都是指引和支撑中国人民站起来、富起来、强起来的强大精神力量。"习近平总书记的重要论述，阐明了精神力量之于一个国家、一个民族的重大意义。广大共青团员要认真接受政治训练、加强政治锻造、追求政治进步，自觉用党的科学理论武装自己，用党的初心使命感召自己，用党的光辉旗帜指引青春航向，用党的优良作风塑造意志品德，从内心深处厚植对党的信赖、对中国特色社会主义的信心、对马克思主义的信仰，把不息的信仰之光、信念之火、信心之歌代代传递下去。

厚植爱国情怀：用真情投入砥砺奋进青春的不竭动力

"要热爱伟大祖国，听党话、跟党走，胸怀忧国忧民之心、爱国爱民之情，以一生的真情投入、一辈子的顽强奋斗来体现爱国主义情怀，让爱国主义的伟大旗帜始终在心中高高飘扬。"这是习近平总书记对新时代中国青年提出的殷切希望。

爱国主义精神是我们民族精神的核心，是新时代青年成长与奋斗的强大精神动力。中国共产党成立100多年来，面对国家和民族生死存亡，一批批爱国青年怀揣对国家民族的深情大爱，挺身而出，奏响了浩气长存的爱国主义壮歌。也正是这种爱国精神，激励着千千万万的青年，为民族振兴而不懈奋斗，创造有意义的人生，成就靓丽的青春。爱国主义精神是激励青年不断成长进步、不断发展奋进的强大精神动力。

爱国的情感朴素而高尚，爱国没有理由。"国家好，民族好，大家才会好。"家国两相依，"小家"同"大国"同声相应、同气相求、同命相依。只有当青春同党和人民事业高度契合时，青春的光谱才会更广阔，青春的能量才能充分迸发。当代青年要以强烈的爱国情感和历史使命，在实现民族复兴的赛道上奋勇争先，用青春的能动力和创造力激荡起民族复兴的澎湃春潮，用青春的智慧和汗水打拼出一个更加美好的中国，共同奏响激扬的青春乐章，书写无悔的奋斗篇章，创造精彩的人生华章。

中国青年是实现中国梦的先锋力量。爱党爱国爱人民的直接体现，就是要把忠诚书写在党和人民事业中，把青春播撒在民族复兴的征程上，把光荣镌刻在历史行进的史册里。就要有"以天下为己任"的责任意识，努力学习掌握科学文化知识，提高内在素质，锤炼过硬本领，在担当尽责中成长，在久久为功的毅力中积累，在滴水穿石的耐力中磨炼，在造炬成阳的定力中深耕，争做永不生锈的螺丝钉，成长为有理想、敢担当、能吃苦、肯奋斗的新时代好青年，让青春在新时代改革开放的广阔天地中绽放，让人生在实现中国梦的奋进追逐中展现出勇敢奔跑的英姿。有了家国情怀的长久浸润，青春必能灼灼闪光、成就不凡。

澎湃激情干劲：用奋斗奉献定位无悔青春的价值坐标

奋斗是青春的底色。回首百年，在中国共产党的领导下，一代代中国青年把青春奋斗融入党和人民事业，成为实现中华民族伟大复兴的先锋力量。正是因为有了一批又一批优秀青年接续奋斗、舍生取义，前赴后继、舍生忘死，才让党的事业薪火相传、生生不息。

今天，新时代中国青年处在中华民族发展的大好时期，既面临着难得的建功立业的人生际遇，也肩负着“天将降大任于斯人”的时代使命。青春奋斗的舞台无比广阔，实现梦想的前景无比光明。新时代广大青年的使命，就是坚持中国共产党领导，同人民一道，为实现“两个一百年”奋斗目标、实现中华民族伟大复兴的中国梦而奋斗。广大青年要坚定不移听党话、一心一意跟党走，主动把自己的小我融入祖国的大我、民族的大我、人民的大我之中，不懈奋斗，永久奋斗，不辜负党和人民的期待，不辜负伟大的新时代。

古今中外，青年人虽然所处时代不同、境遇不同，但亘古不变的真理是唯有在为国家和人民的奉献中，青春才能焕发出真正光彩，青年才能真正有所成就。今天，世情、党情与国情的深刻变化对青年一代提出了更高的奋斗要求。面对外在诱惑、成长困惑、生活压力等，习近平总书记也给出了青年一代破解人生谜题、时代难题和未来考题的“金钥匙”，这就是奋斗的青春不后悔，奋斗的青春最美丽，奋斗的青春才圆梦。

生逢盛世当不负盛世，生逢其时当奋斗其时。青年一旦有了顽强的毅力，奋斗的激情，便拥有了开垦人生的铧犁，实现梦想的动力。青春岁月唯有奉献，才是新时代青年生命中最铿锵的音符。要勇做走在时代前列的奋进者、开拓者、奉献者，既要抬头仰望还要俯身为牛，在劈波斩浪中开拓前进，在披荆斩棘中开辟天地，在攻坚克难中创造业绩，把忠诚书写在党和人民的事业中，把青春播撒在民族复兴的征程上，把光荣镌刻在历史行进的史册里。

磨砺强筋壮骨：用亮剑精神锻造豪气青春的底气力量

斗争创造历史，斗争成就伟业。党和国家的事业，是在斗争中诞生、在斗争中发展、在斗争中壮大的。当今世界正处于百年未有之大变局，我国改革发展稳定任务艰巨繁重，面临难得的历史机遇，也面临一系列重大风险考验。必须清醒看到，我们面临的各种斗争不是短期的而是长期的。只有增强“四个意识”，坚定“四个自信”，做到“两个维护”，坚定斗争意志、讲求斗争艺术、增强斗争本领，才能在严峻形势和斗争任务面前，敢于出击，敢战能胜。

习近平总书记要求团员青年，要做敢于斗争、善于斗争的模范，带头迎难而上、攻坚克难，做到不信邪、不怕鬼、骨头硬。学习贯彻总书记的指示要求，广大青年要树牢“四个意识”，坚定“四个自信”，做到“两个维护”，自觉地把自己摆进去、把职责摆进去、把工作摆进去，在各种复杂斗争历练中锻造成为烈火真金。争做敢于斗争善于斗争的好战士，为实现“两个一百年”奋斗目标、实现中华民族伟大复兴的中国梦而奋斗。

当前，一些青年斗争思想准备不足，斗争意志不强，碰到矛盾问题就头脑发胀、手脚发凉，出现一些软骨症、恐惧症、无能症。不敢斗争、不愿斗争、不会斗争，说到底是党的创新理论武装不够，看家本领不强，能力素质不达。广大青年要把学懂弄通做实习近平新时代中国特色社会主义思想作为全部工作的主题主线，用心领会马克思主义立场观点方法，科学认识共产党执政规律、社会主义建设规律、人类社会发展规律，夯实敢于斗争、善于斗争的思想根基和能力基础，用习近平新时代中国特色社会主义思想武装自己，做清醒坚定的青年战士。

在事关重大方向、立场、原则的问题上，广大青年头脑要特别清醒、立场要特别坚定，牢牢把握正确的斗争方向，练就草摇叶响知鹿过、松风一起知虎来、一叶易色而知天下秋的见微知著能力。要在大是大非面前敢于亮剑，在矛盾冲突面前敢于迎难而上，在危机困难面前敢于挺身而出，在歪风邪气面前敢于坚决斗争，“明大德、守公德、严私德”，始终保持战斗的冲锋姿态，做到寸步不能让、寸地不能丢，敢于斗争、敢于胜利。

毛泽东同志说过，“什么叫工作？工作就是斗争。哪些地方有困难、有问题，需要我们去解决。我们是为着解决困难去工作、去斗争的。越是困难的地方越是要去，这才是好同志。”怎样成为好同志？习近平总书记指明了方向：坚持在重大斗争中磨砺，越是困难大、矛盾多的地方，越是形势严峻、情况复杂的时候，越能练胆魄、磨意志、长才干。我们唯有在重大领域挑重担，在“卡脖子”领域担重任，在舆论场上亮剑发声，在改革创新中争先锋，敢于扛事、主动担难、主动扛险，关键时刻挺身而出，危急关头顶得上去，才能不断增强做中国人的志气、骨气、底气。

（资产与实验室安全管理处　刘祥坠）

青春逢盛世　奋斗正当时

党的二十大以来,中国共产党高举中国特色社会主义思想伟大旗帜,全面贯彻习近平新时代中国特色社会主义思想,弘扬伟大建党精神,自信自强、守正创新,踔厉奋发、勇毅前行,为全面建设社会主义现代化国家、全面推进中华民族伟大复兴而团结奋斗。10年来,我们经历了对党和人民事业具有重大现实意义和深远历史意义的三件大事:一是迎来中国共产党成立一百周年,二是中国特色社会主义进入新时代,三是完成脱贫攻坚、全面建成小康社会的历史任务,实现第一个百年奋斗目标。这是载入史册的历史性胜利,也是新时代的伟大成就。

党的二十大与个人生活是息息相关的,经济发展、乡村振兴、教育、科技、法治、文化等共12个方面都有了新的改革和发展目标,其中给我感受最深刻的是乡村振兴。

记得我的家乡以前是非常偏僻的山村,穷乡僻壤,物质条件非常匮乏,不仅如此,交通还非常不便,整个村子在大山深处,想要进村就只能绕过好几座大山,硬生生将村子和外面的世界相隔开来。小时候我和父母回老家时,需要坐小客车进山,山上不仅是原始的土路,有时候还有一些小碎石落下,很是危险;由于疫情的原因我已经好久没有回老家了,这两年当我再次踏足到这片土地上,发现老家发生了翻天覆地的变化,原来坑坑洼洼的山路已经修成了柏油马路,旁边还安好了护栏作为保护,山上的碎石也都进行了处理,甚至还开设了新的交通方式——铁路,使得人们出行更加方便快捷。村里的亲戚朋友在返乡年轻人的带领下开始发展经济,直播带货、玩转电商平台、开网店等,利用各种方式带动乡村经济增长,同时开办新兴产业。受惠于国家的福利政策,乡村振兴的力量蓬勃发展,家家户户的物质条件和生活水平都得到了很大的提升,人们过上了美好生活。这只是我看到的一个小方面,党的二十大以来,我们身边所有的一切都在发生着翻天覆地的变化,向更好的方向前进发展,将描绘的宏伟蓝图一一实现。

习近平总书记强调:“新时代的伟大成就是党和人民一道拼出来、干出来、奋斗出来的!”“奋斗”二字,饱含智慧勇毅、彰显使命担当,是从百年光辉党史、十年伟大变革中总结出来的重要经验，中国共产党带领中国人民奋斗了一百年，中国共产党从诞生到现在，走过了一百年的光辉历程。一百年来，是中国共产党领导人民经过艰苦卓绝的武装斗争，建立了社会主义新中国，从根本上改变了中华民族的命运，写下了彪炳千秋的光辉诗篇；一百年来，是中国共产党领导人民与时俱进、开拓创新，改变了“一穷二白”的落后面貌，走上了改革开放、全面建成小康社会的征途，开创了亘古未有的宏图伟业。历史和现实充分证明，我们的党是富于创新精神、勇于开拓进取、不断与时俱进的党；是经得起各种考验，勇于在困难和挫折中奋进的党；是忠实实践“以人为本”，脚踏实地为人民群众根本利益奋斗不息的党。

作为青年大学生，我们要主动肩负起时代的责任，对得起国家、社会和人民对我们的嘱托和希望，积极地学习我党的理论知识，以此来充实自我、完善自我，专注课业，扎实学习专业知识，在学习上不断锐意进取、有所提升，同时我们要积极地传播百年红色文化，将我党的百年光辉历程发扬光大，为共产主义事业和国家蓬勃发展贡献自己的一份力量！

鲁迅先生说过：“唯有民魂是值得宝贵的，唯有他发扬起来，中国才有真进步。”我们要弘扬伟大抗疫精神，把家国情怀内化于心、外化于行，激扬“敢教日月换新天”的豪迈气概，相信奋斗、依靠奋斗、持续奋斗，就一定能书写出无愧于时代、无愧于人民、无愧于历史的绚丽篇章。

作为新时代的青年，我们肩负着国家、民族、社会的重任和嘱托，我们要立大志、明大德，争做有志气的新青年，以不负伟大时代；挑重担、克难关，争做有骨气的新青年，以不负青春韶华；增学识、强自信，争做有底气的新青年，以不负党和人民。新时代是新青年的时代，只要我们每个新青年都能志存高远，勇挑重担、勇克难关、勇斗风险，争做中国有志气、有骨气、有底气的新青年，新征程就能充满活力、充满底气、充满希望！

（文法学院广告 21-1　高嘉怡）

踏过烟云万千重　砥柱人间是此峰

时光荏苒，不知不觉伟大的中国共产党已经走过风风雨雨百余载，时至今日已然迎来党的二十大。作为一名“00后”，虽然没有像祖辈那样能亲自见证这100余年的沧桑巨变，但是从小在党的庇护下茁壮成长，有幸生在红旗下，长在春风里，受党的教育、沐党的恩情、享党的成就，自然要矢志为党分忧、为党尽责，以永久奋斗意志、永恒先锋本色做让党放心的忠诚青年，做让人民赞许的热血青年，做党和国家事业需要的有为青年。

庚子年初，一场新型冠状病毒肺炎疫情给中国乃至世界带来了巨大影响。短短4个多月时间，引发了人类政治、经济、文化、社会、安全等多个领域的系列问题，在“全球同此凉热”的感同身受中，人们更加深刻地认识到“人类命运共同体”的重大意义和丰富内涵。反观国内，战“疫”从初始的艰难前行到有效控制，再到逐步复工复产，恢复正常生活秩序，党领导的核心作用不可替代。透过这场战“疫”，我们看到党的领导是打赢疫情防控阻击战的最大优势。正是有了中国共产党这个总揽全局、协调各方的领导核心，中国社会集中力量办大事就有了“主心骨”、有了方向感、有了凝聚力和战斗力。我始终相信在党的领导下我们将无所畏惧，攻克所有艰难险阻。

历史不会忘记，我们党领导人民经过28年浴血奋战，推翻压在中国人民头上的帝国主义、封建主义、官僚资本主义三座大山，建立了中华人民共和国，实现了民族独立、人民解放，实现了中国从几千年封建专制制度向人民民主制度的伟大跨越，在艰难困苦当中为中华民族踏出了一条新生的道路，中华民族从此开启了发展进步的新纪元。今天的中国，信息畅通，公路成网，铁路密布，高坝矗立，西气东输，南水北调，高铁飞驰，航母巡航，“北斗”成网，“嫦娥”揽月，“奋斗”深潜……正如习近平总书记所指出的：“这个新时代，是承前启后、继往开来、在新的历史条件下继续夺取中国特色社会主义伟大胜利的时代，是决胜全面建成小康社会、进而全面建设社会主义现代化强国的时代，是全国各族人民团结奋斗、不断创造美好生活、逐步实现全体人民共同富裕的时代，是全体中华儿女勠力同心、奋力实现中华民族伟大复兴中国梦的时代,是我国日益走近世界舞台中央、不断为人类作出更大贡献的时代。”

“世界期待中国,中国做好了准备。”面对百年变局和世纪疫情交织的挑战,在以习近平同志为核心的党中央坚强领导下,中国迎难而上、众志成城,如期点燃冰雪运动火炬。作为一名在北京上学的青年,我十分骄傲和自豪。北京作为一座双奥之城,本身就代表着开放与包容。从百年前的“奥运三问”到如今的“双奥之城”,历史和实践充分证明:没有中国共产党,就没有新中国,就没有中华民族的伟大复兴。

“志之所趋,无远弗届,穷山距海,不能限也”,时间镌刻不朽,奋斗成就永恒。历史的接力棒已经传到了我们这一代人手上。今天的历史机遇属于我们每个人,我们要把学习党的二十大精神与工作实践结合起来,强化政治责任和使命担当,拒绝“躺平”“佛系”,要勇于追梦和实干,为把党的二十大描绘的美好蓝图变成现实而不懈奋斗!

(电气与控制工程学院自实验21　柴宗萱)

我心自有云白山青

冀以尘雾之微，补益山海，萤烛末光，增辉日月。

人生是旷野，不是轨道。每个人的心中都有着不一样的情怀，有着不一样的追求。而青春逢盛世，奋斗正当时。青春之我应与时代浪潮同频共振，同向而行。无数青年奔跑在追梦的路上，如果拉长时间坐标，那这就是一场青春与时代的双向奔赴。

目之所及，感知所触，在我的身边，我的校园，充满了一群忙碌而有力量的伙伴。他们热爱并且专注，守着本心，奋发向上，让优秀成为一种习惯，并感染身边的人，带给身边人力量。

他们入校之初便确立了刻苦钻研、勤勉付出的学习目标。每天早晨是第一批到达教室的学生，也常常是最后离开的学生。她们把握住每一点可以学习的时间，不遗余力地奔跑。她们见过教室窗外的蓬勃的朝阳，也见过校园夜晚沉寂的星光。她们的专业成绩一直位于前列，各科作业也常常被作为优秀案例供同学们交流学习。

他们将所学专业融入社会生活中。怀着对古建筑遗产的热爱，加入了遗介宣传工作组，入组以后参与研发古建遗产科普课程，完成课程讲解，投身古建遗产保护实践，将自己的专业知识运用到古建筑遗产科普实践中，立志用所学将建筑遗产知识传扬！

他们的每一天从 6:00 开始。闹钟铃响，起床，洗漱，换上常服，细细检查好每一个配件，擦亮马靴，早晨 6:45 时在升旗台前带领队员们整齐列队；齐步，正步，敬礼，礼毕，每一句响亮的口令都彰显着他们对国旗热烈的爱；拔刀，立刀，举刀，每一次干净利落的吻刀礼都是他们对这份责任的传承和坚守；每一次国歌响起，每一次喊出“向国旗敬礼”的指令，每一次看见五星红旗被高高扬起，他们都感到无比热爱，无比自豪。

他们入校不久便参军入伍，保家卫国。带着家人的不舍与期待，坐上前往军营、通往理想的火车。绿皮火车装载着热血青年，穿过平原，越过戈壁，一路来到祖国的西北大地——在这里，无数青年将被锤炼为武警战士。从中原到西北，从安逸享乐到摸爬滚打，从张扬个性到刚毅内敛，他们没有逃避。部队教给他们：没有完成不了的任务，没有克服不了的困难，没有战胜不了的敌人！作为新时代青年，他们身着绿军装、扛起冲锋枪、为祖国站岗、为人民冲锋。

他们回应青年人的责任和使命，立志成为甘奉献、有担当的志愿者。服务他人，回报社会。她们始终以严谨认真的工作态度奋斗在学院志愿工作的第一线。奉献、友爱、互助、进步的志愿精神始终激励着她们不怕苦、不怕难，用心做好每一次服务，做有温度的青年大学生。

……

墙角的鲜花，独自绽放，尽管开在偏僻的角落里，依旧可以引来蜜蜂，是因为它那发自肺腑的芳香。花如此，人亦然。我们都是青春途中的赶路人，在追逐光的同时，自己也会染上亮色。我们从前行中积蓄力量，在前行中明确方向，在不断吸收与碰撞中成长。我们让高耸的山峰证明攀登的意义，让遥远的路途展现坚持的力量。我们向着每一个目标，向世界来铺展心中的壮志、脑中的想象。

我们是一滴水，但我们可以拥有自己的沸腾，每一个沸腾的我将汇聚成奔腾不息的时代。而无数个青春之我必将奔跑成一个奋发的青春之中国！

马克思说“最先朝气蓬勃地投入新生活的人，他们的命运是令人羡慕的”，年少多壮志，青春应许国。新时代，新机遇，新发展，盼所有中国青年在新征途上奋力奔跑，未来可期。唯愿岁月始于红色党旗下的庄严宣誓，知不足而奋进，望远山而力行，直至白首不负热爱的祖国河山。

大鹏之动非一羽之轻也，骐骥之速非一足之力也。动力促其前行，阻力促其强大，刺刀永不卷刃，我心自有云白山青。

（建筑与艺术学院建学21-1　彭祥敏）

向前！ 向前！ 向前！

忆往昔，看今朝，中国共产党成立至今已有一百年的光辉历史，一百年风起云涌，一百年潮起潮落，一百年沧海桑田，我们的党带领着全国人民用这一百年的时间走完了几代人的奋斗历程。在这波澜壮阔的历史长河中，我听到了党坚定的呐喊："向前！向前！向前！"

回望历史问初心，十年风雨把路平。十年来，我们迎来了中国共产党成立一百周年，中国特色社会主义进入新时代，顺利完成脱贫攻坚，全面建成小康社会，实现第一个百年奋斗目标，这是彪炳中华民族发展史册的历史性胜利，也是对世界具有深远影响的历史性胜利。

我是沐浴在党的光辉下成长起来的青年人，一百年前的光景离我太远太远，有些许模糊，这十年的光阴离我太近太近，我能细数经历的每一道靓丽风景。我从小生活在乡村，耳边萦绕着的都是对党的敬佩、赞美与感激之声。我的爷爷是一名退伍军人，他时常告诉我，现在的幸福生活来之不易，这是中国共产党呕心沥血保下的山河。犹记得还在上幼儿园的时候，家乡坑坑洼洼的土路让人印象深刻，弯弯曲曲、坑坑洼洼，它的状态随着天气的变化而变化，晴天是尘土飞扬，雨天是泥泞不堪。后来，家乡的路越修越好，黄土路摇身一变柏油路，羊肠小道变成了宽敞又平坦的康庄大道。路的两旁树木成行，绿草如茵，家家户户也从低矮的平房搬进了高楼，如今的乡村已经成为退休者安享晚年的首选了。我知晓，这是中国共产党为人民谋幸福的冰山一角。

一百年来，中国发生的变化是巨大的，但中国共产党为中国人民谋幸福，为中华民族谋复兴的使命，从未改变。经过党的接续奋斗，我们实现了小康这个中华民族的千年梦想，我们国家站在了更高历史起点上。

新时代，是我们党历史上崭新的一页，也是中国特色社会主义事业发展的新时期。面对新的历史使命和时代要求，我们必须以更加昂扬的斗志、更加务实的态度，迎接新的挑战，开创新的局面。奋斗不是一时之事，而是一直之态，奋进新征程，是我们党和人民的历史使命，我们的时代在召唤，向前！

孩童时期，奋斗是青青小草在坚韧的土壤中耐心汲取大地无私的养分，慢慢破土而出，长出嫩芽，努力消化老师传授的知识学会长大；青少年时期，奋斗是花骨朵轻轻随风摇曳，在乱花渐欲迷人眼的大地上寻找阳光洒落的方向，向阳而生，努力在这纷纷扰扰的世界上树立正确的价值观，认真学习书本中的知识，学会做人；正当青年，奋斗是小小树苗蓄势待发，靠着日积月累的养分一点一点成长，长大不是目的，参天大树才是它的目标，有理想，有担当。

疫情肆虐的2020年，让我看到了青年一代的勇气和担当，他们用实际行动告诉世界，中国人民面对困难一定是勇往直前的。“去疫区，去祖国最需要的地方，我们召之即来，来之能战，战必胜。”“一定会到前线去，医生就是战士，若有战，召必回。”“我们服从组织安排，恪尽职守，倾尽全力，把我院的雪芳精神带到武汉，为医院增光，为打赢这场没有硝烟的战争做出自己的贡献……”这些医护人员是时代的印记，是世世代代青年人的榜样。

“立足新时代新征程，中国青年的奋斗目标和前行方向归结到一点，就是坚定不移听党话、跟党走，努力成长为堪当民族复兴重任的时代新人。”作为新时代的青年，我们应当勇敢地承担起世纪重托，不断学习党史，从中砺初心、明方向、强担当、勇作为，不忘初心、牢记使命。我们要始终保持人民本色，坚持以人民为中心，坚持以人民为导向，不断提高人民的获得感、幸福感、安全感。为成为实现中华民族伟大复兴的先锋力量，向前！向前！向前！

（土木工程学院土建专研21　骆诗丽）

向真而思　向善而行　向美而生

2018年以来,习近平同志关于“美育”发表了一系列重要讲话,2020年,中办、国办印发了《关于全面加强和改进新时代学校美育工作的意见》,可以说大学美育受到了空前高度的重视。早在四十多年前北方工大就开始美育教学,1986年学校开设了“美学原理”课,这就是“大学美育”课的前身,2008年北方工大的“大学美育”就被评为国家级精品课,由学校老校长仇春霖主编的《大学美育》数次被列为国家级重点教材,多次获得北京市和教育部的教学成果奖,直到今天全国有三十多所高校采用的就是北方工大的教材。仇校长还力主创办了艺术馆,而且还是理工科高校的第一所艺术馆。徜徉在艺术馆里,启功、刘炳森、欧阳中石的书法作品令人惊叹,白雪石、娄师白、孙奇峰的绘画作品让人驻足,韩美林的雕塑作品引人遐思。一件件大师的作品,让人不禁感叹学校文化底蕴的深厚,更折射出大学美育是北方工大不折不扣的一张金名片。

如何才能让更多的同学树立起“美”的意识“向美而生”,如何才能让大家都把对“美”的追求和对民族、国家命运前途的探寻联系起来,如何才能把学生的思想引领同专业学习结合起来,这是我和我的同事们最关心的。著名作家张洁在她获得茅盾文学奖的小说《沉重的翅膀》里有一段话,小说里一位改革者回顾自己的经历时讲到:“你知道我当初是怎么向往革命的?既不是因为看了《共产党宣言》,也不是因为看了《资本论》,而恰恰是因为看了一本意大利作家亚米契斯写的《爱的教育》。它使我相信并去追求真、善、美。”照本宣科地讲理论,两张皮似的从案例到理论,这是难以真正影响学生的。古人云“纸上得来终觉浅,绝知此事要躬行”。2022年6月20日,我领着中文系的27位同学探访北京城内30余处重要的红色遗迹和代表性建筑,从早到晚一共走了31公里,历时11小时30分钟。在京报馆旧址,同学们认真了解现代报业的诞生和发展,了解进步思想的广泛传播,了解邵飘萍为了反抗暴政、追求新闻自由而惨遭杀害的事迹。在女师大旧址,大家一起回顾了“女师大风潮”“三一八惨案”,重新讨论了鲁迅对愚昧和专制的批判。在赵家楼旧址,我们一起重温了“外争国权、内惩国贼”的五四运动。通过这样的活动,不仅把我在现代文学课上讲的文学事件和真实的历史遗迹联系了起来，而且切身领会到了什么叫目标、使命和责任。

不仅如此，自 2021 年以来，我们调整课堂教学的思路，对标媒体征文、学术前沿来布置学生作业，一方面通过我的自媒体把征文信息传递给同学们，另一方面也积极推荐同学们的作品，帮他们发表文章，3 年下来，已经有 170 多位本科生同学在国内外刊物上发表了文章。通过这样的方式，学生们主动学习的积极性大大提高了，许多其他班、其他年级的同学都来问我怎么发表文章。更重要的是，学生们慢慢学会了自己去挖掘历史，自己去寻找真善美，比如像中文 20-1 班的周芸等同学，她们认真耙梳资料，挖掘出了为党的一大提供服务、选定会址的王会悟的故事，最终共有 4 篇稿子被“CCTV 国家记忆”所采用。我觉得这个过程其实也是学生自我教育的过程，一个人只要有目标，通常都不会浪费时光。一个人也只有首先对自己和今天感兴趣，才可能对别人、对明天感兴趣。

古人说“经师易得，人师难求”。教育不仅仅是传授技能、知识，更重要的是要引导学生树立正确的价值观念和人生追求，要培养德才兼备的栋梁之材，要引领学生“向美而生、向真而思、向善而行”。我们要学习老一辈教师的坚韧与顽强，要像《钢铁是怎样炼成的》里说的那样，“不因虚度年华而悔恨，不因碌碌无为而羞愧”，用自己的整个生命和全部精力，把学校的优良作风和光荣传统传承下去，把对真善美的追求传承下去！

（文法学院　冯雷）

携手奋进　共创未来

百年征程，未曾放弃。自1921年中国共产党成立之时，它就犹如一颗小火苗在中国燃起了新的方向和希望。一段屈辱奋进的历史，一场血与泪的回忆，几经波折，新中国终于走到了今天，我们生于最好的时代，享受着前人未曾奢望的生活。这一切来源于一个梦，一个关于振兴中华的梦。

“没有共产党，就没有新中国”，这首脍炙人口的歌，从我成为少先队员就开始学习。儿时懵懵懂懂，最羡慕的是大哥哥大姐姐们胸前的红领巾。当红色尾巾随风飘动，我的心也开始随它摇摆。那时只觉得戴上红领巾是一种好学生的标志，是一种昂首挺胸的骄傲。时间和历史知识的增长，让我逐渐意识到那不只是一条红巾，同时也是一份责任和担当。成为少先队员再到共青团员，从积极分子到今日的预备党员，每一次的成长都让我感受更深一次，中国之不易，中国共产党之坚守，仿佛播放电影一般，在我的脑海之中拼凑出悠长的画卷。

作为四川孩子，从小就听着勇猛川军的故事长大，一遍遍地感受他们的爱国情怀，虽然他们一开始并不是中国共产党麾下的军队，但他们的精神值得大家永远歌颂，他们用生命和鲜血在抗日战争时期留下了浓墨重彩的一笔，他们在烽火交加的年代写下浴火重生的历史。前人栽树，后人乘凉。今日中国之新成就，就是对他们最好的回应。四川，也是一个地震多发的省份，作为学生的我，前后经历两次地震，分别是2008年汶川地震和2013年雅安芦山地震。每一次我都感触颇深。听乡亲们讲，当所有通信全部失效，所有道路也全部垮塌，人的无力感和绝望感达到了顶峰，此时看到一排排身着绿军装的解放军爬过一个个山头，一架架直升机飞过自己的头顶，泪水是止不住的，国家没有忘记我们，也没有放弃我们。面对灾情的突如其来，我也能看到学校和政府一系列的应急措施，使得忙中有序，使人民的生命财产安全得以保障，百姓对国家、对党也是完全的信任和满满的安全感。

承上启下，继往开来。中国共产党第二十次全国代表大会于2022年10月16日召开。往回看，我们国家历经沧桑岁月，往前看，我们国家向往美好未来。中国共产党的出现带领着全体人民一步一步走向更好的舞台。近十年，我们看到“神舟”“嫦娥”“天问”系列的飞天，“蛟龙”“深海勇士号”的下海，我们看到建交国家数从 172 个到 181 个，我们看到对外“一带一路”的成功，对内“村村通”的实现。不仅如此，我们还能看到被困了 1 028 天的孟晚舟女士回家，说道“如果信仰有颜色，那一定是中国红”，我们还能看到在佩罗西窜台事件中，中方坚定且强劲捍卫祖国统一。我们还能看到在疫情笼罩下的中国，依旧有组织有计划地发展。这一桩桩事情发生在我们身边，是我们祖国发展强大的现实，是中国共产党为中国人民谋幸福、为中华民族谋复兴路上付出得到的回报。

今日中国之盛世，是一代人又一代人努力付出的结果。党的二十大的召开，也预示着中国将进入新的历史方向。今日之所见是前人之所想，明日之所显将是今日之所作，中国人应该继续秉承优良传统，携手并进，把这场中国梦发挥到极致。这幅画卷任由我们挥洒汗水，这不是一个人的个人展，而是需要大家手牵手，共同涂抹上新的色彩。未来是国家的，也是我们的，向往最高远清澈的天空，自然需要最坚毅有力的翅膀，这是国家的舞台，也是你我的舞台，携手并肩，共创未来！

（土木工程学院土木工程研 21　王雨言）

新征程踔厉奋发　新时代不负韶华

党的二十大已落下帷幕,但习近平总书记和蔼的面容总是时常在脑海中浮现,耳边回荡起饱含深意的寄语“青年强,则国家强。当代中国青年生逢其时,施展才干的舞台无比广阔,实现梦想的前景无比光明”。很庆幸生逢盛世,不会“有怀投笔,无路请缨”,不惧“冯唐易老,李广难封”。祖国给予青年无限的机遇和挑战,并告诉青年朋友们:是金子必将熠熠生辉。

什么是新时代?我想从教育方面展开。在赴北京读大学的前一个月里,母亲的心情明显比我更激动,她总是不时望着我,拍拍我,然后无比激动地说,“我们程家也要出大学生了”。父亲这边是书香门第,耕读传家;母亲祖上一直与土地打交道,每每谈起,外祖父不时遗憾地摇头叹气。外祖父的成绩向来名列前茅,心怀远大理想,志在四方,但因为战争动荡,他第一次与书本擦肩而过,战争胜利后,他又因为政治背景与大学彻底无缘。他们把希望寄托在下一辈,母亲天资聪慧,时常向我展示她那写满优的成绩单。但作为家里的大姐,外祖父在外劳动,她便要撑起家里的诸多事宜,洗衣做饭与卫生等。日落黄昏,当她守着灶台的炊烟看背着书包放学的孩子,总会默默流泪。能坐在教室听老师讲课,是她一直的愿望,也成了终生的遗憾。在义务教育普及的时代,处于高中叛逆期的我,完全体会不了她的遗憾,那时我总羡慕他们牛背上的日子,没有内卷,逍遥自在,我们时常因为这个话题争吵,不欢而散。升入大学,我一边体会着大学校园的美好,一边逐渐理解母亲的心情,她能看见的,只是手机摄像头里遥不可及的大学校园。我没有母亲机敏,亦没有母亲勤奋,我时常想,如果我与母亲身份互换,她或许是考场上杀出重围的黑马,步入更高的学府,而我,大概率会在她的时代穷困潦倒一生。这是教育差异,也是社会差异、时代差异。我的笔记本首页记录着一句话“哪有什么岁月静好,只不过是有人替你负重前行”,祖国历经风霜,行至今日,无数爱国人士贡献青春,换太平盛世、长治久安。

我辈处于盛世,当珍惜祖国给予的机会,奋进新征程,建功新时代。以青年面貌展现国家形象,增强综合国力,提高中国的国际地位,保祖国江山海晏河清、山河无恙。

“奋进新征程，建功新时代”。响应国家号召，我报名参加了 2023 年寒假全国大学生“返家乡”社会实践活动，为新时代的建设贡献绵薄的力量。在回乡调查的过程中，我时刻感慨着家乡变化的巨大，宽阔平整的道路代替了原来的泥泞小道，雨天行走无法落脚的困难荡然无存，很多的小洋楼鳞次栉比，丝毫没有鹤立鸡群的突兀。农村在保留着淳朴风土人情、秀丽山川景色的同时，又向着城市的现代化建设靠拢——左牵淡雅，右倚繁华。在一系列的变化中，我还注意到了家乡的生态文明建设，村里作为垃圾分类的试点，在保留原有的垃圾池同时，村里各处设有分类垃圾桶。不难看见，新时代，城市和农村的建设，一个也没落下。

但随着深入的了解，我发现垃圾分类没能按照设定的路线规范进行，在标有明确类别的垃圾桶里堆放着各式各样的垃圾，大多是整袋投放，也有瓜皮纸屑零星分布，油渍顺着桶壁下流，地上斑斑点点让人感到不适，也许村民只是享受了新开设垃圾桶的便利而丢失了垃圾分类的初衷。我向村委会阐述了我的想法，并交换了双方的意见，经过村委会的同意，我着手致力于村里的垃圾分类，实践的课题确定为“鼓励垃圾分类，助力乡村振兴”。

实践的日子里，我在村里挨家挨户走访，在路上、店铺、人家分发一些垃圾分类的宣传资料。村里人都很客气地配合，接过资料之后，一般都是当场阅览并分享自己的想法，有时遇到一两个熟人，他们会说，“诶，你是某某家的那个外孙”，我也会点头微笑招呼。村里人仍保留着傍晚端着碗筷，走出家门，在广场上一起吃饭的习俗，相信发传单的小伙和垃圾分类的知识，会是他们茶余饭后的谈资。七天的工作后，我向村委会汇报了我的实践成果，也提出了我的一些想法，其中有几点小建议，更多的是对村子未来的展望。最终，我与村委会的工作人员在大门前拍照留念，也为这次返乡实践活动画上一个圆满的句号。

“明天的中国，希望寄予青年。青年兴则国家兴，中国发展要靠广大青年挺膺担当。年轻充满朝气，青春孕育希望。广大青年要厚植家国情怀、涵养进取品格，以奋斗姿态激扬青春，不负时代，不负华年。”习近平总书记在 2023 年新春贺词上对青少年寄予厚望，饱满而激昂。“鹰隼试翼，风尘翕张。”青年奔走在社会的每条街道，值守在无数岗位，有勇赴一线抗疫的青年医生，有远走山区支教的青年教师，还有全国各地的大学生志愿者……青年人行走在中国的土地上，画出中国的模样。新征程踔厉奋发，新时代不负韶华，“以青春之我，创建青春之家庭，青春之国家……”我们庄严宣誓：我将无我，不负祖国不负党！

（伦敦布鲁内尔学院机械 22-2　汪雅健）

扬青年之志　筑华夏盛世

百年风雨，同舟共济；立党百年，意气风发。党的二十大的召开在党和国家历史上具有重大而深远的意义，是在我国迈上全面建设社会主义现代化国家新征程、向第二个百年奋斗目标进军的关键时刻召开的一次十分重要的大会。作为当代青年，在二十大的号召下，应扬青年之志，筑华夏盛世！

鲁迅先生曾说："愿中国青年都摆脱冷气，只是向上走，不必听自暴自弃者的话。能做事的做事，能发声的发声。有一分热，发一分光，就令萤火一般，也可以在黑暗里发一点光，不必等候火炬。"为追求航天梦，毅然走进哈尔滨工业大学校门的严一粟，走在想走的道路上，他觉得自己身上扛着旗帜，那是战旗，他在向自己想去的地方前行、冲锋；"95后"邹彬，从一名小砌匠到站上世界技能大赛领奖台，从一名稚嫩的年轻人成长为全国人大代表，激励许多产业工人追逐"大国工匠"梦，进一步推动农民工向新兴技术产业工人转型，为建筑行业和农民工友转型升级贡献力量；身为一名"90后"的程梦醒，大学毕业后主动放弃去大城市工作的机会，毅然回到家乡，创办春华养生豆皮有限公司，带领父老乡亲脱贫致富奔小康。他们昂扬向上、笃行不怠，将自己的青春融入中国伟大建设之中！

"现在，青春是用来奋斗的；将来，青春是用来回忆的。"习近平总书记强调，"新时代的中国青年要以实现中华民族伟大复兴为己任，增强做中国人的志气、骨气、底气，不负时代，不负韶华，不负党和人民的殷切期望"。

2021年，中华民族的历史翻开崭新篇章。我们向深度贫困堡垒发起总攻，啃下了最难啃的"硬骨头"。身患重疾，也要让百姓喝上"安全水"的刘虎，为实现贫困人口饮水安全保障，身患肺癌仍坚持在饮水安全工程一线，他让47万群众喝上了"安全水"，自己却因耽误治疗病情恶化；扎根边疆，用教育为女孩们筑梦的张桂梅，身患绝症但坚守三尺讲台，矢志不渝，帮助1 800多名女孩走出大山，迈向更广阔的土地；主动请缨一线，为扶贫献出生命的黄文秀，在北京师范大学毕业后，毅然回到家乡，担任书记，带领全村脱贫，却在30岁时遭遇洪灾不幸牺牲。我们要像他们一样，担起国家民族复兴的重任，要在不断修炼中发挥才干和本领，以创造性优势为我们的伟大梦想搭建连通时代的桥梁！

五四先驱李大钊先生曾说："青年之字典，无'困难'之字，青年之口头，无'障碍'之语；惟知跃进，惟知雄飞，惟知本其自由之精神，奇僻之思想，锐敏之直觉，活泼之生命，以创造环境，征服历史。"

每一代青年都会留下属于自己的青春印记和时代答卷。身逢盛世，中国青年要不断增强责任感，明确自身对于国家和人民的责任，把个人前途与国家命运相结合、把个体发展与民族振兴相联系，在激情奋斗中绽放青春光芒，不忘初心跟党走，砥砺前行。

（理学院统计 21-2　韩晶）

一粒泥土的归宿

平凡的人生，就像一粒泥土，承受着践踏、碾压和无视，当它渺小到不能再小的时候，也许会化为灰烬升腾，可有谁会在意，你是会被踩在脚下还是飘浮在空中。直到有一天你落到他眼里，那一刻他才注意到你的存在，你会尝到眼泪咸咸的滋味。然后，你被冲刷出眼眶，重新又回归一粒泥土。

——题记

最近讲述百坭村第一书记黄文秀故事的电视剧《大山的女儿》热映，剧中一个个串联起来的故事一直都牵动着我的心。电视剧总共三十集，我看到一位网友对此的阐释十分浪漫："这是用三十集的讲述致敬文秀书记短暂的三十年生命"。其实，用电视剧的形式去讲述一个真实人物的故事并非一件容易的事情，何况是讲述一位为党和国家在扶贫工作一线上作出贡献的时代楷模的经历。我觉得最难是难在如何在故事展开的虚与实之间把握好尺度与分寸：既不能让故事过于宏大让观众失了故事性的真实观感，也不能过于细碎凭空虚构让观众感受不到文秀书记作为扶贫一线的基层干部的奉献精神。

《大山的女儿》并未选黄文秀到百坭村担任第一书记之后作为初始，而是从黄文秀毕业前夕心理的转变过程开始。这个切入的视角确实让我感到有些震撼，在惊叹之余我深切地认识到这个切入背后深沉的意义与其所蕴含的价值。黄文秀书记的感人故事是大家从主流媒体对她的报道了解到的，而这也导致我们会理所应当地认为文秀书记就是一个具有奉献精神的扶贫干部、是我们的党员榜样。但是，我们恰恰忽视了她也是一名普通人。

当初作为一名即将毕业的研究生，她也曾和我们一样面临着工作的选择。在剧中，不同于韦明杰选择留在北京，黄文秀在看到印有广西实际情况的宣传册后逐渐产生坚定的信念——报考家乡的选调生。谈及自己的选择，黄文秀说："很多人从农村走了出去就不想再回去了，但总是要有人回来的，我就是要回来的人。"实际上，这并非仅是剧本的台词，而是文秀书记曾经谈到自己的选择时所表达的真实话语。

电视剧在讲述文秀书记逐渐被村民和村子接纳的故事过程中,最触动我的原因实际上有很大一部分是美沙的三次内心独白。美沙是韦平雨的伴侣,两个人居住在百坭村对面人迹罕至的高山上,多年前因为亲人去世而不再算是百坭村的村民。两个人不仅没有结婚证,连户口也没有。并且两人一个不会讲话、一个瞎了一只眼睛,很多年来一直勉强相依为命,直到文秀书记一次入户访问时才偶然发现了对面山上的这户人家。秉承着不落一户、不落一人的态度,文秀书记不仅帮他们解决了户口和医保问题,并且结合实际情况帮他们建立了快递点、找到了让二人经营快递点这种扶贫方式。

美沙的第一次独白,是在他们二人协助村里的一个种植砂糖橘的致富带头人班华元把橘子过秤装筐的过程中。美沙讲述了自己的故事,又讲了与韦平雨的相识过程,以及大家对他们二人的轻视与可怜让他们长期居家不出。如今大家对他们二人以平常相待,二人也找到了经营的营生,就是在这个时候出现了美沙的第二次独白。

第二次和第三次独白都是以美沙写诗的方式呈现。第二次是二人坐在快递点门口,看着阳光下村里的孩子们和来村社会实践的大学生一起踢球时出现的。内容讲述了美沙简单的理想,却十分令我动容,尤其是其中"我也有自己的理想"一句。第三次是在文秀书记的带领下,大家在大雨中齐心协力帮助蒙昌龙一家翻山越岭把枇杷运出去的过程中,黄主任意外犯了心脏病被辗转送去医院的时候出现,内容即题记中所提到的这首诗。

一开始我以为这首诗也只是美沙的独白,从"承受着践踏、碾压和无视"一句当中我觉得这讲述的应当是她自己的故事。但是这段独白出现的时间是在黄主任被送去医院生死未卜的时候,前后穿插了很多大家悲伤的镜头,我又觉得可能是讲述黄主任的故事。但黄主任后来脱离了生命危险,又让我觉得这大概也不是我心里的正确答案。直到我看到结尾,再回看这首诗的时候,我突然有一个大胆的猜测:这首诗,从某种意义上来说也是在讲述文秀书记的故事。

正如一开始我所说,我们不应当忽略文秀书记也只是一名普通人。如果说文秀书记就是一粒泥土,那么她并非像钱经理那样飘浮在空中,而是被踩在脚下。更确切地说,她愿意奉献自己的力量,作为一粒泥土为整个村的村民的脱贫致富之路增砖添瓦。虽然一粒泥土的力量与整个大地相比而言极其微小,但众多粒渺小的泥土总会汇成一座大山。

其实我对于美沙的这首诗感触颇深,我姥姥姥爷也是广西人,在听到电视剧中小卖铺老板娘的口音时我十分触动,因为那跟我姥姥姥爷平时讲话的语调一模一样。虽然如今我还是一名本科阶段的学生,但是作为一名党员,我也会尽我所能贡献自己的一份力量。虽然在时代的如椽巨笔中每个人的书写实在只是微小的一笔,但是一笔笔加起来却是不能忽视的重要力量。

(文法学院中文 19-2 刘歆雨)

坚持教学科研相结合　为高质量育人贡献力量

党的二十大报告指出:教育、科技、人才是全面建设社会主义现代化国家的基础性、战略性支撑。必须坚持科技是第一生产力、人才是第一资源、创新是第一动力,深入实施科教兴国战略、人才强国战略、创新驱动发展战略,开辟发展新领域新赛道,不断塑造发展新动能新优势。自大学本科以来,已求学十余年,去年来到北方工业大学首度开始工作,在新的岗位上工作已超过半年,结合党的二十大精神学习的认识,我对教育和科研有了新的、更深刻的理解。

在教书方面,我负责了学校布鲁内尔学院的"机械工程科学"的英文授课教学,对我来说确实是一项较大的挑战,具体有两个方面:一是本课集成了材料力学、空气动力学、热力学三个学科的专业基础知识,二是以英语为口语的教学,增加了教与学交互性的难度。在开始的几个星期,备课工作基本占据了我所有的课余时间。每当疲乏的时候,我总是提醒自己:十年树木、百年树人,现如今的青年高校教师虽然在科研上更易出较好的成果(自己能够把控),教书方面因需要老师和学生的联动配合方能产生较好的成效,但这不应该成为乏于教学的借口。教师二字,终究还是以培育合格甚至优秀的人才为宗旨、为基准,宗旨不能挪,基准不能变,千万不能只做自己能控制的、容易的事情,而忽视了作为一个教师进行课业教授的本职工作。做好科研,能够为祖国的某个领域提供坚实的技术支撑,而教好书,能够为祖国培养更多潜在的青年科研工作者。无论是我国还是世界的技术发展,一方面离不开每个成熟青年科研工作者的勠力同心,另一方面需要通过教学不断培养、输送更多的人才。因此,我们每个青年教师只要在教学上日复一日地努力,一定能在扩充科研后备力量方面作出巨大的贡献。

育人,与教书有异也有同。相同的方面,两者均是为祖国各行各业输送合格的人才。不同的方面如下:一是使命的侧重点不同。育人之于青年教师更多的是精神动力的传承,如作为班导师/班主任向学生输送精神上的正能量、事业规划上的合理指向、为人处世上的大方得体,及作为硕博研究生导师向学生传递坚忍不拔的科研意志、激情澎湃的科研斗志、诚实守信的科研品质;而教书之于青年教师更多的是求知能力的传授,引领学生建立良好的学习习惯、严谨的思维逻辑,及理论与实际的简繁转换能力。二是交流的节奏感不同。作为班导师、硕博导师等育人者,与学生的相处时间相对较长,因此育人的重点在于持续性,既不能急于求成、期待学生做出立竿见影的改变,也不能放手不管、节奏拖沓而任由学生盲目发展。作为课堂教学的教书者,与学生的相处时间相对较短,因此教书的重点在于步步为营,争取每课必懂、逢难必释,在有限的时间,快节奏地将知识准确、深入浅出地传授给学生,激发学生主动求知的积极性、缓解学生对课业难点的畏惧感、唤起学生共同参与教学环节的源动力。

目前,"70后""80后""90后"是高校青年教师队伍的主要构成,都说高校教师有寒暑假可以放松,往往忽视了教师从业的维度。作为一个合格的中国青年教师,需要兼顾教学、科研,而从事医学行业的青年教师还需加上临床一项,尤为不易。不易,更应通过合理的方式努力。如何兼顾多维度的工作模式,是我们青年教师在思想上要首先厘清的难题。基于党的二十大精神,结合自己工作经历,我认为可以从以下几方面尝试解决:一是教研互促、提升师生整体实力。负责的课程与开展的科研,是否能建立紧密的联系或学科交叉的联系,以课程教学的基础知识支撑科研创新,从科研难题中找到理论知识的突破点,进而反思、反哺教学流程;二是哲学性凝练、找到教研矛盾的根源。俗话说,难者不会、会者不难,教学与科研相互冲突,其根源可能在于业务水平仍不够精、理论认识仍不够透。因此,在日常工作中,既要持之以恒地、快速地向前推进,也须时不时慢下来,对每一项教研工作有自己的认识总结,对基本问题有原创的哲学性凝练,以简约的哲学思路指导繁杂的多项工作。

最后,我想说的是,无论世界看上去有多浮躁、物欲看上去有多涌动,既然选择扎根高校,我们青年教师必须沉下心来、做好规划、坚定执行,勇于担当我国创新技术发展、创新人才培养的先锋,以高质量育人为征程奋进的强导向,以高水平科研为时代建功的强支撑,真正配得上优秀青年科教工作者的称呼。

(机械与材料工程学院　俞宗汉)

以青春之我　逐华夏之阳

青年是标志时代的最灵敏的晴雨表，时代的责任赋予青年，时代的光荣属于青年。无论过去、现在还是未来，中国青年始终是实现中华民族伟大复兴的先锋力量。今年是中国共青团成立100周年，也是中国共产党成立101周年，回望百年，青春向党，今年我们迎来党的二十大，我们将追随党的步伐，向新的征程奋进。生逢此盛世，千万万青年，自当以青春之我，逐华夏之阳。

青年的命运，从来都同时代紧密相连。习近平总书记曾说过："青春孕育无限希望，青年创造美好明天。一个民族只有寄望青春、永葆青春，才能兴旺发达。"1840年鸦片战争以后，中国逐步成为半殖民地半封建社会，国家蒙辱、人民蒙难、文明蒙尘，中华民族遭受了前所未有的劫难。一批又一批仁人志士为救国救民而苦苦追寻，一大批先进青年在"觉醒年代"纷纷觉醒。伟大的"五四运动"促进了马克思主义在中国的传播，拉开了新民主主义革命的序幕。在马克思列宁主义同中国工人运动的紧密结合中，中国共产党应运而生。

在5 000多年源远流长的文明历史中，中华民族始终有着"自古英雄出少年"的传统，始终有着"长江后浪推前浪"的情怀，始终有着"少年强则国强，少年进步则国进步"的信念，始终有着"希望寄托在你们身上"的期待。正因如此，中国共产党一经诞生就把目光投向青年，把革命的希望寄予青年，在1922年5月中国共产主义青年团宣告成立了！这一系列的思想变革，在中国革命史青年运动史上都具有里程碑的意义！

时代各有不同，青春一脉相承。对于青年人来说，21世纪是前所未有的时机，这是一个独特的觉醒年代，无数青年人以报国为己任，坚信着马克思主义的"行"、中国共产党的"能"、中国特色社会主义的"好"，坚持完善自身，迎难而上，铸就完整的人生。

青春的力量永远不容小觑，自我踏入北方工业大学的校门起，我对此深有感触。

我的大学，注重党的建设。时代总是把历史责任赋予青年。青春力量一经党醒,先进思想一经传播,中华大地便迅速呈现出轰轰烈烈的革命新气象。北方工业大学每学期都会开展初级党课供全校学生进行选课,同时积极举办各种党建活动,及时了解群众需求,对积极分子进行考察,为中国共产党培养更多的栋梁之材,而我也有幸在2021年成为一名预备党员,经常接受学校的党课教育、进行党史学习。在这些学习之中,我懂得了原来政治书上那些枯燥乏味的理念,在那个年代真的有人当成一生的信仰拿命去追随,同时也见到了如今的中华依旧是五岳向上,一切江河依旧是滚滚向东,民族意志永远向前。

我的大学,注重国家大事与交流活动。坚定不移跟党走,为人民奋斗,是党的初心使命。北方工业大学的同学们承担了新中国成立70周年之时群众游走活动、建党100周年场内志愿者活动、冬奥期间首钢大跳台场馆的城市志愿者工作等。有幸参与活动的同学,都怀有饱满的热情,以青春力量承其担当。当代青年生逢其时,也重任在肩。而我也有幸能以城市志愿者这样一个身份参与到冬奥盛会的志愿服务工作中,我深知使命光荣与责任重大,也深感本次锻炼机会的来之不易,愈加明确了自己的价值追求,将会用自己的实际行动为祖国赢得世界的赞誉。亲历冬奥,何其有幸!既然选择了志愿,就意味着奉献,我也始终用实际行动践行着志愿精神。青年与时代并肩,每个脚印都与之休戚相关,看着中国以昂扬之态崛起之时,我心中感叹,我泱泱华夏,一撇一捺皆是脊梁。

我的大学,注重教学科研。回首百年前,陈独秀先生提出"赛先生"的重要性,与梁启超先生写下了《少年中国说》,其中所饱含的对于少年中国、科学中国的热切盼望和对中国少年的谆谆教诲一览无余,鼓励青年人学习科学,意识到科学的重要性。当代青年人,尤其是"00后",身为信息大爆炸时代的原住民,从小就接受了更多、更广的科学教育,对于知识的了解也更加地全面。北方工业大学一直鼓励同学们多多参与科研活动及多种多样的竞赛等,就拿我们信息与计算科学专业来说,每年2月的数学建模比赛、5月的校园数独挑战杯、9月的数学建模国赛、10月的全国大学生数学竞赛、11月的传智杯计算机编程竞赛、12月的全国高校计算机挑战赛及其他暑期实践等,多种多样的竞赛充斥着我们的生活,无论是各科老师及班导师的强烈推荐与鼓励,还是校领导主张用科研经费报销同学们报名竞赛的经费、做科研的经费、竞赛奖学金等等,都是对我们学生投身于科研,以竞赛丰富我们生活的一大支持。与此同时,同学们也没有辜负学校的殷切期望,多次在全国大学生数学建模竞赛、全国大学生数学竞赛、全国大学生英语竞赛、物理实验竞赛、蓝桥杯等竞赛中取得个人一等奖,于天梯赛中取得华山论剑组团队一等奖,中国大学生程序设计竞赛、ICPC中取得银奖等。而我也因学校里面的向学之风,努力学习,专业排名第一，获得过计挑赛全国二等奖、蓝桥杯北京市二等奖、全国大学生红色旅游创意大赛二等奖、传智杯二等奖等多项奖项。我们作为北方工业大学的学生，作为新时代的青年人，应志存高远、忠于祖国，应以科学知识武装自己，做创新精神的建设者，更应该坚定不移跟党走，共同奋战在新征程上。

青春应当是鲜红的，一个人只有把他的生命与祖国和人民的命运结合在一起，生命才有意义，才灿若星辰，才不虚度年华。个人价值与广阔时代相连，青年要勇担社会和历史赋予的重任，更要以青春之我，逐华夏之阳。

时代的考题已经列出，我们的答卷正在写就。

实现中国梦是一场历史接力赛，当代青年要在实现民族复兴的赛道上奋勇争先。新时代的中国青年，生逢其时、重任在肩，施展才干的舞台无比广阔，实现梦想的前景无比光明。

青春是以青春之我，创造青春之国家。

无论是清华大学毕业生代表曹汛发出铮铮青春誓言“走上工作岗位后，我定当秉承清华人爱国奉献、追求卓越的传统，努力成就一流的事业，为祖国的繁荣富强贡献自己的力量”；还是陈际玮努力实现习近平总书记对广大青年“在真刀真枪的实干中成就一番事业”的殷切期望，为大国重器设计“最强大脑”；无论是新冠肺炎疫情汹汹来袭，4.2 万多名驰援湖北的医护人员中“90 后”“00 后”做出了他们认为“最帅的选择”，以“一夜长大”的实际行动作出的这次人生选择，竖起了新时代的精神路标；还是明知前路有风险，越是艰险越向前，疫情暴发之时河南暴雨，汛情告急，青年消防队员砥砺奋进，抗洪抢险。他们咬牙坚持，全身心投入战斗，他们坚守岗位，履行职责，勇担重任。岁月因青春慨然以赴而更加静好，世间因少年挺身向前而更加瑰丽，这就是新一代青年所展现的属于中国青年的脊梁。

新时代青年立志贵在担当作为。无论过去、现在还是未来，中国青年始终是实现中华民族伟大复兴的先锋力量。进入新时代，我们前所未有地靠近世界舞台中心，前所未有地接近实现中华民族伟大复兴的目标，前所未有地具有实现这个目标的能力和信心，值此之际，作为青年一代，我们应当勇挑重担，肩负使命，将个人命运与国家命运紧密相连，将个人梦想与中华民族伟大复兴梦炙热相融，以吾辈青年之幸，与国家共同前行。

当代青年应将个人奋斗融入时代洪流，坚守好一个岗，散发自己的一束光，以青春之我，逐华夏之阳。光束与光束交叠汇聚，迸发出更大的青春力量，成就更强的事业光谱。

千万万青年，自当壮志凌云，负青天而适南冥，挂云帆而济沧海；千万万青年，自当勇担责任，责如山坚如铁，任重而道远；千万万青年，自当奋斗不息，难于前而不止，虽无成而不弃；千万万青年，当以青春之我，逐华夏之阳！

（理学院信 20-2　单双）

在学思践悟中增强历史主动
——浅谈如何把党的二十大精神融入高校思政课

习近平总书记在党的二十大报告中强调:“全党同志务必不忘初心、牢记使命,务必谦虚谨慎、艰苦奋斗,务必敢于斗争、善于斗争,坚定历史自信,增强历史主动,谱写新时代中国特色社会主义更加绚丽的华章。”历史自信是国家和民族踔厉奋发、勇毅前行的强大精神力量;历史主动是党和人民认识历史规律、把握发展大势的制胜法宝。新时代青年只有准确把握历史主动的精神内涵,在习近平新时代中国特色社会主义实践中增强历史自觉,坚定历史自信,才能担当起民族复兴的历史重任。高校思政课要常态化、长效化抓好历史教育,指导青年大学生做好“学思践悟”,在历史和现实的融通中把握历史大势,在现在和未来的连接中增强历史担当。

学经典,夯实历史主动的理论基石。中国共产党人的历史主动来自马克思主义的真理力量。习近平总书记在二十大报告中指出,“拥有马克思主义科学理论指导是我们党坚定信仰信念、把握历史主动的根本所在。”马克思主义是人类精神的精华,深刻揭示了社会历史发展的基本规律,是中国共产党认识世界和改造世界的强大精神武器。高校思政课要通过读经典、学经典,引导学生原原本本地了解唯物史观基本观点,学会运用唯物史观分析和解决问题。首先,读懂唯物史观的经典文本。要通过对《1844年经济学哲学手稿》《德意志意识形态》等经典文本的解读洞悉唯物史观的革命性意义,为抨击历史虚无主义提供理论依据。其次,了解马克思对中国革命的研究。马克思和恩格斯曾对中国给予特别关注,这主要体现在19世纪60年代对两次鸦片战争、太平天国运动等事件的评论文章中。对这部分文本的解读将有助于全面准确地理解马克思的历史观和中国革命发展规律。最后,明白唯物史观对中国发展产生的影响。要通过系统梳理重要历史人物传记和理论著作,在人物的成长历程和思想轨迹中感悟唯物史观对中国革命和建设的指导作用,防止“泛娱乐化”地解读历史。

思原理,筑牢历史主动的思想基础。唯物史观阐明了人类社会发展的基本规律,是增强历史主动的思想基础。马克思视历史科学为唯一的科学,揭示了人类历史是生产力和生产关系、经济基础和上层建筑矛盾运动的结果。这一原理只有在历史进程中才能得到说明，只有在人民的实践创造中才能得到验证。为此，高校思政课的历史教育要坚持整体性、辩证性和系统性。第一，坚持整体性就是要讲清楚与思政课程理论相关的历史事件、历史会议、历史人物的来龙去脉和内在联系，运用唯物史观的基本原理分析历史发展的趋势，结合时代背景阐释理论产生的必然性。第二，坚持辩证性就是要引导学生正确看待中国共产党发展过程中的挫折和失误，结合历史背景从学理上讲清楚以党的自我革命引领社会革命的伟大意义。第三，坚持系统性就是以马克思的唯物史观为指导，而不局限在某一门具体的课程中，系统整合思政课教学内容，剖析历史发展的理论逻辑，实现史论结合，贯通古今，使学生在立体的时空中理解马克思主义的真理性，树立正确的党史观。

践担当，落实历史主动的现实要求。历史主动本身蕴含着创造性实践的要求。马克思在《关于费尔巴哈的提纲》中指出，“哲学家们只是用不同的方式解释世界，而问题在于改变世界。”新时代的青年不仅要坐而论道，更要起而行之。高校思政课的历史教育不能停留在理论上，要与社会发展、学生成长相结合。一要实现主导性与主体性相统一。思政教师引导学生关注社会问题，学生通过小组研学、情景展示、课题研讨、课堂辩论等方式表达自己的观点，教师在总结提炼中点明党的理论创新的必然逻辑和历史轨迹，在实践中增强学生的政治认同、思想认同、理论认同、情感认同。二要做到思政课程与课程思政相协同。以专业知识报效祖国是当代青年投身新时代中国特色社会主义事业的重要实践形式，要通过加强思政课程的历史教育帮助学生树立正确的历史观，同时以课程思政引导学生认识专业发展与国家发展的关系，让他们把实现个人价值和国家前途命运紧紧联系在一起。

悟思想，领会历史主动的时代内涵。习近平新时代中国特色社会主义思想是以习近平同志为核心的党中央充分发扬历史主动精神，用马克思主义立场观点方法回答中国之问、世界之问、人民之问、时代之问的过程中形成的新理念新思路新办法，是当代中国马克思主义、21 世纪马克思主义，是中华文化和中国精神的时代精华，是马克思主义中国化最新理论成果。高校思政课要系统研究习近平总书记关于历史学习的重要论述，特别是关于如何学习研究党史、正确评价党史人物和事件、发扬党史精神等方面的系列讲话，为学生抵制以“想象化”的方式消费历史，以“鸡汤化”的名义轻薄历史，以“主观化”的态度曲解历史的不良倾向提供理论支撑，引导他们以高度的历史自觉探寻当代中国深刻变革所蕴含的历史经验和发展规律。

（马克思主义学院　周伟婷）

逐梦新时代征程　争做奋进新青年

在党的二十大上，习近平总书记指出，青年人需要"立志做有理想、敢担当、能吃苦、肯奋斗的新时代好青年"。因此对于我们青年人来说，要立足当下，坚定不移贯彻党的二十大精神，砥砺前行，做新时代好青年。要明确个人的奋斗并不能激起浪潮，需要我们同心共力为中华民族伟大复兴的中国梦与建设社会主义现代化强国贡献力量。在奋力前行的路上我们要牢记自己的身份，明白肩上所承担的责任，无论在任何时候都要有坚定向前的信念。在时代的发展过程中，青年人当立足发展前列，明确时代需求，吾辈青年欣逢盛世当不负盛世，逐梦新时代征程，踔厉奋发，争做奋进新青年。

"广大青年要坚定不移听党话，跟党走，怀抱梦想脚踏实地"。诚哉斯言，青年人要有理想，敢奋斗，脚踏实地地向未来前行。回顾历史长卷，中国人走过的这条路无不展示了青年人的重要性，一代又一代的青年人在党的指引下投入国家的建设中，他们为解放新中国不惧鲜血淋漓；他们为建设新中国绞尽脑汁，带回新技术；他们为改革开放奔走他乡；他们为脱贫攻坚、乡村振兴发尾早白，鞠躬尽瘁……现在轮到我们了，中华民族伟大复兴的中国梦应当是我们最根本的梦，青年人当接过时代的接力棒，为实现中国梦继续奋斗。党的二十大精神为我们当代青年明确了在当前阶段奋进的目标，为这个目标而奋斗会使我们的青春更加精彩。当然，只通过个人的努力是远远不够的，我生于一个多民族地区，对于这点有深刻体会，我们在向个人目标奋进的同时也需要明确团结奋斗这个时代要求。无论时代如何发展，奋斗和团结都是最重要的一部分，是发展的基本要求，作为新时代的青年，我们当怀揣美好理想乘着时代的东风扬帆起航，勠力同心，不懈奋斗，为建设美丽中国贡献自己的力量。

"广大青年要肩负历史使命，坚定前进信心，立大志、明大德、成大才、担大任，努力成为堪当民族复兴重任的时代新人"。我以为这句话应当时刻警醒我们，青年人理应明白自己与时代责任之间的关系，明白时代赋予我们的使命。面对脱贫攻坚，有黄文秀这样的优秀青年带动全村实现整体脱贫；面对乡村振兴，有周斌这样年轻的“90后”坚持联系帮扶村,将政策红利转化为乡村发展动力;面对突如其来的疫情,许多20岁的大学生志愿者挺身而出、冲锋在前,彰显出青年一代的使命与担当。青年要怀有使命感去建设伟大祖国,生于和平幸福年代的我们,需要勇担重任,将青春的热血洒在祖国的大地上。民族的复兴梦和百年奋斗征程掌握在青年人的手中,我们应笃行不怠,牢记时代赋予我们的使命,在新征程上奋勇向前。

青年是社会发展的主力军,是国家经济建设的中坚力量。只有青年人磨砺意志,铭记“强国有我”的凌云壮志,国家才能够有更好的未来,民族才有不断向前发展的希望。在寒假的21天学习打卡计划中,我也曾想放弃,每天八小时的学习要求对于上了三年网课的我们来讲也是一个挑战,三年的网课生涯让我们丧失了很多自主学习的能力,在这次21天打卡计划中我的学习能力逐渐得到恢复。在恢复学习能力的过程中,磨砺了我的意志,也使我更加自律。在这场与惰性的比赛中我赢了,我也深刻体会到了二十大精神的内涵。广大青年生逢其时,也重任在肩,我们要立鸿鹄之志,培养奋斗精神,不怕困难,勇于开拓,顽强拼搏,永不气馁,时代是属于我们的,我们必将大有可为,也必将大有作为。

当今世界正处于百年未有之大变局,国内外形势复杂多变,来自各方的挑战不断增多,伴随而来的还有种种机遇。我们青年一代是祖国未来的希望,我们要有重任在肩、勇于担当的使命感,要有同心协力、拼搏奋斗的责任感,为建设现代化强国而努力。

国家的希望在青年,民族的未来在青年。青年是社会中最有朝气的力量,新时代的青年要以实现中华民族伟大复兴为己任,将个人发展与时代紧密联系起来,逐梦新征程,做奋进新青年,不负时代,不负韶华。

（理学院统计22-2　宋子玉）

第三部分

投身社会实践，贡献工大力量

双碳目标下的乡村高质量发展新探索

——延庆护林员小屋更新纪实

党的十八大以来,以习近平同志为核心的党中央坚持把解决好“三农”问题作为全党工作的重中之重,打赢脱贫攻坚战,启动实施乡村振兴战略,推动农业农村发展取得历史性成就、发生历史性变革。乡村振兴是发展经济、保障民生、维护稳定、促进国家长治久安的重要基础,同时乡村是未来我国实现双碳目标的重要场所,正确认识和把握碳达峰碳中和,就要加强乡村基础设施建设,推动农村低碳能源技术创新。

2023 年 5 月底,在延庆区政府的大力支持下,北方工业大学联合中国建筑设计研究院有限公司,成立了校企合作零碳小屋实践小分队,以北京市延庆区张山营镇护林员之家改造为契机,在延庆区开展科研及实践活动。同年该项目入选 2023 年首都高校师生服务乡村振兴行动计划。

延庆护林员是用脚步丈量山林,用心守护绿水青山,全面服务保障北京冬奥会、冬残奥会的一群无名英雄,他们在平凡的森林巡查工作岗位上,兑现着延庆“绿水青山”的承诺,为冬奥守护 9 000 多亩山林地,他们多年如一日地巡山,把孤独和寂寞放在一边,把防火护林的重担,用肩膀坚定地扛了起来。本次延庆区政府改造护林员之家的目的,就是希望通过将当前的仓库进行腾挪,为护林员打造一个综合培训基地,并将其建设成为两山转化的新实践、国际交往的会客厅、绿色低碳的示范点、生态守护者的培训地,打造一个集餐饮休闲、会议接待、产品售卖及展示体验为一体的护林员之家。

该项目旨在通过最新的低碳技术,让高校科研力量融入乡村振兴的建设中来,以点带面提升乡村生态水平,探索出乡村建设低碳更新的绿色高质量发展新道路。本次改造更新设计项目促进了高校之间的学术交流,推动了校企之间的有力合作和积极探索,共同探索高效能、低能耗、低碳排放的农村建筑更新,真正实现将科研文章写在祖国大地上。

一、前期科研交流及探索

延庆护林员之家——零碳小屋改造项目总建筑面积约 467.18 米^2,总投资金额预计 625.29 万元。场地原址为林保站药品仓库。2023 年 5 月 29 日下午，本次更新建设相关的各科研与技术单位相关负责人抵达现场，在北方工业大学小分队的组织下进行实地交流踏勘。团队主要针对其建筑总体架构结构、库房、设备、围护结构等进行现场勘测。

图 1　北方工业大学、天津大学、中国建筑设计研究院等相关专业专家到项目地进行实地考察

在了解和尊重当地自然生态以及需求反馈的前提下，团队针对现存问题对改造方案展开初步讨论，提出借助低碳设计理念，利用太阳能引进光技术和追踪太阳技术等新技术及多晶硅、单晶硅等新型材料，推动能源清洁低碳安全高效利用，构建绿色生态可持续模式。利用坡屋顶光伏板、光伏板围墙、光伏发电薄膜、光伏景观灯等设施，实现太阳能热水、制冷、光伏发电和供暖，同时将部件与建筑一体化结合，达到节能减排的目的。同时，团队希望通过建立较为完整的智能控制系统，通过感知层、展示层、数据分析层及管理构成，选用物联网技术将水电数据与系统关联，对建筑能耗进行可视化监测、控制和进一步优化，展示低碳建筑的优势，不断以科学技术为依托，传递新技术、新思想、新理念，培养新村民，带动周边村落辐射状发展进步，将低碳理念在乡村地区进行普及和推广，引领乡村村民走向共同富裕新道路。

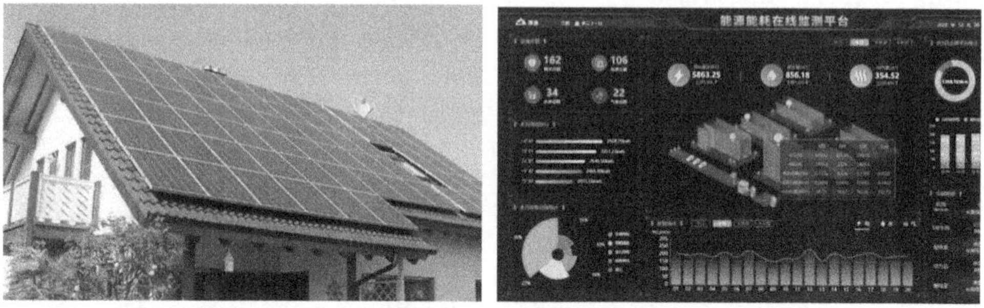

图 2　坡屋顶光伏板及建筑能耗监测平台

二、项目推动历程

零碳小屋坚持从零碳设计理念出发，运用零碳技术，保留了原建筑大部分的围护结构，以此为基础，新增的结构全部采用天然的固碳材料——木材搭建的木结构，这样做不仅延长了建筑寿命，同时做到零废弃建筑垃圾的产生，大大降低了新型建筑材料的生产、运输等过程中的碳排放量。团队使用节能绿色环保的建筑材料，严守生态保护红线、环境质量底线、资源利用上线三条红线，真正做到了将零碳理念从一而终贯彻到底。

此外，设计通过增加南向屋顶的面积、设置太阳能光伏板，有效提高了发电效率；墙体采用 250 厚的岩棉内保温，使用气密性非常好的“被动门窗”，进而满足超低能耗建筑标准的传热系数要求；供暖方式采用地面铺设高分子石墨烯碳棒地暖

图 3　项目鸟瞰效果图

的方式;应用了多种“被动”节能技术,包括多功能阳光房、热压通风烟囱等。通过新技术与乡村建筑设计的融合,拓展数字智能化技术的应用发展广度,打通城乡发展技术循环的堵点,致力于将新技术引进乡村。

图 4 项目室内院落效果图

在经历了调研走访、方案设计、施工图绘制、预算编制以及实施方案报批的历程过后,延庆零碳护林员小屋——零碳小屋更新改造项目于 8 月正式着手准备进场施工等工作。2023 年 8 月 22 日下午,设计团队、零碳小屋主要负责人、护林员休息站的管理人员、施工单位负责人及技术人员等一行人进行了开工前的对接工作,协商进场日期、施工时间、现场家具搬离等具体内容。8 月 27 日开始,零碳小屋的施工单位将正式进场开始为期三个月的建设工程,预计在年底前零碳小屋的室内外工程正式竣工。

图 5 设计与研究团队同施工单位开展对接工作

三、项目收获

（一）高校多学科联合实践是提升科研教学能力的重要途径

北方工业大学零碳小屋更新改造项目实践团队是北方工业大学融合了建筑与艺术学院、电控学院、机材学院等学院的多个专业，并积极与校团委、科研院联合组建的实践团队。实践团队跨专业的多学科联合给本次实践提供重要助力，并形成了未来科研及教学的若干新课题。本次项目伊始便以乡村振兴战略政策为设计背景，以零碳乡村建设规划为设计导向，以实际需求为设计目标，让科技在乡村扎下根、留得住、可持续。

同时本次课题还积极拓展与其他高校（天津大学）和相关企业（中国建筑设计研究院有限公司）的深度合作交流。这样的联合实践对于整个团队来说都是一次难得的学习和实践机会。

（二）多部门联合研发推广新技术是未来乡村振兴的重要手段

零碳新技术是未来开创乡村高质量发展新局面的重要一环，是促进乡村绿色低碳能源发展，推动绿色科技创新，促进生态文明建设的重要措施。真正的未来新技术一定是融合了多学科、多行业、多专业、多部门的技术，这些技术在实施和应用中还需要跨越各种管理和部门的壁垒，如本次零碳小屋就涉及电力、智能化、建筑、规划等多个部门。未来的乡村振兴一定是需要多部门联合研发推广方可实现。

实现乡村振兴共同繁荣是未来广大高校教师和青年学子应共同肩负起的要务，用智慧的力量为乡村振兴赋能。一栋零碳建筑，记录了我们深入乡村田间地头的身影，也激励我们将热血倾注于这片土地，一步一脚印，让所学与所能真正应用，发光发热。

（建筑与艺术学院零碳小屋实践团

团队成员：李婧 杨超 张丁 周锋 王鹏 侯建峰 靳现凯）

设计赋能推动乡村高质量发展
——延庆金粟葡萄园实践纪实

一、初心引领

有美丽乡村,才有美丽中国。全面推进乡村振兴是新时代建设农业强国的重要任务。党的二十大报告中提出:“全面建设社会主义现代化国家,最艰巨最繁重的任务仍然在农村。”如何打造美丽宜人、业兴人和的社会主义新乡村,实现产业高质高效、农民富裕富足、乡村安居乐业是当今振兴工作所要思考的问题。

为深入学习贯彻党的二十大精神,发挥青春学子的光与热,北方工业大学“萄源筑梦”实践团立足乡村振兴战略,长期扎根于乡村建设中,并在 2022 年获得北京市“百师进百村优秀团队称号”。而在 2023 年,团队奔赴延庆,深入北京市延庆区延庆镇唐家堡村,依托当地葡萄采摘园开展园区调研、产业规划、环境治理、产品赋能等活动,通过设计激发当地产业振兴、文化振兴、生态振兴,赋予果园生机活力,助力农民增收致富,推动美丽乡村建设。

在团队成员的不懈努力下,项目入选“2023 年首都高校师生服务乡村振兴行动计划”,成为北京市 100 个入选团队中的一员。该计划是由中共北京市委教育工委、北京市教委牵头,为贯彻落实习近平总书记关于实施乡村战略的重要论述,倡导学生团队投身乡村开展助力活动,推动乡村发展,为促进农村农民共同富裕贡献高校力量的实践项目。入选该项目是评委对团队成员实践经历和工作能力的认可,激励着团队继续怀着更饱满的热情投入乡村建设中。

二、科研推动

田园综合体是乡村产业发展的重要载体,是推动农业供给侧结构性改革、实施乡村休闲旅游、土地综合开发的重要手段,是推动乡村新产业新业态发展、三产深度融合、调整生产生活方式的新发展路径。

团队中规划专业的同学在现场调研的基础上通过对现阶段乡村振兴战略及当

地产业结构的深入研究，提出了以打造集现代农业、休闲旅游、教育研学为一体的田园综合体助力园区多元发展，实现“文产融合”的新乡村综合发展模式。在体验模式上，提供葡萄种植、葡萄采摘、葡萄认知课程等沉浸式田园体验，让游客参与到葡萄从种植、养护到成熟采摘的整个过程。为此，团队对园区公共服务设施及景观环境进行研判，结合发展需求对葡萄园现状进行改善，例如打造研学广场增加园区休闲娱乐空间，改造入口空间塑造对外特色形象等，为田园综合体综合品质提升打下坚实基础。

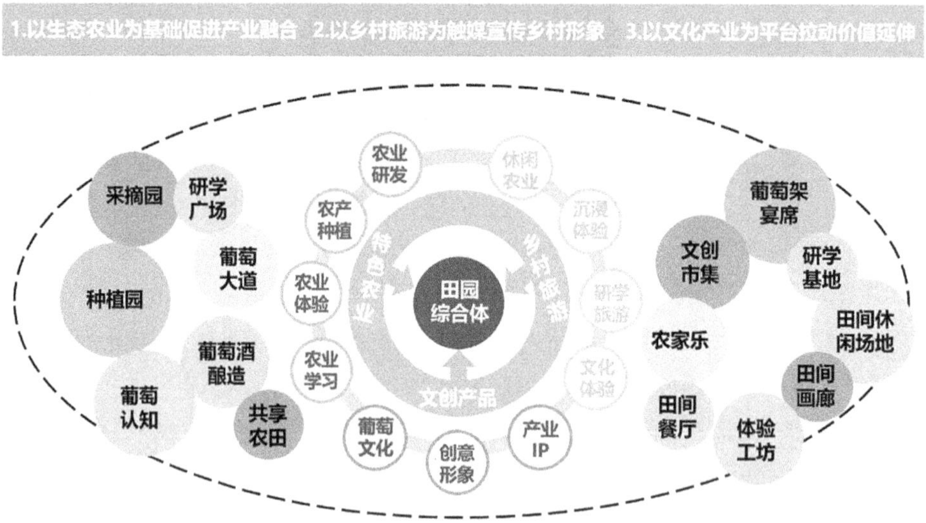

图1　“文产融合”新乡村综合发展模式

图2　金粟葡萄园总平面图及景观效果图

此外，在园区棚头改造项目上，团队组织座谈会明确葡萄园对于棚头的改造需求，抛去原有简单的涂鸦装饰，力求将其打造为个性化且有趣味性的“大棚风向标”。因此,团队中建筑专业的同学结合建筑学设计的专业特点,大胆尝试新型墙体材料和新建造技术,利用组装装配式模块对棚头进行改造设计,游客可以按照自己喜欢的样式自由搭建棚头,不仅令原有破旧的棚头焕然一新,趣味性的“搭建活动”也增强了来往游客的体验感,成为园区内一道“靓丽的风景线”。

图 3　大棚棚头现状

图 4　团队组织多方座谈商讨棚头方案

图 5　金栗葡萄园棚头设计效果图

在实践过程中,各专业同学利用自己所学的专业知识,相互合作、集思广益,同时积极组织多部门交流,共同构建以田园综合体为引领,以高校技术作支持,与政府各部门协作建设的创新乡村建设机制。

三、实践历程

(一)初见葡萄园:青春力量促发展

2023 年 7 月 5 日,实践团召开第一次实践活动动员会议,邀请到金栗种植合作社负责人为我们介绍此次活动的主要内容及后续安排,团队成员也趁此机会向负责人提出前期分析发现的问题。

随后李婧老师强调本次实践活动的活动目的、活动安排和方案要求,并对本次动员会进行了总结,希望实践团全体成员能够尽心尽力对待此次活动,将策划方案落到实处做出实效，践行新时代青年的使命与担当，展现出青年一代的风采，为乡村振兴奉献团队力量。

（二）晋江之旅：乡村调研学经验

2023 年 7 月 20 日，实践团受邀来到泉州晋江，分别对金井镇洋下村和龙湖镇鲁东村进行调研学习。

在深入洋下村和鲁东村的过程中，实践团剖析了两村发展的潜力和痛点，发挥专业优势特长为两村分别提供未来发展的相关建议及更新规划，并提出以旅游业为主，实现一三产业融合的发展思路，为闽南乡村更新发展、实现乡村振兴贡献北方工大学子的一份力量，也为葡萄园振兴规划提供实践经验。

图 6　实践团在晋江进行乡村实地调研

（三）实地调研：多方会谈定思路

2023 年 8 月，在李婧老师的带领下，实践团共计对延庆唐家堡村金粟葡萄园进行了先后 4 次实地调研。在勘探园区的同时与园区负责人进行深度访谈，并结合问卷发放、随机访谈的方式了解周边居民及园区果农的意见诉求。

将葡萄园作为城市居民与大地的纽带，团队通过对园区现状的研判，总结问题与多元需求，因地制宜，依托理念、产业、景观、空间、宣传等几方面激发葡萄园活力，力求打造北京品质最高的葡萄园。

（四）研究讨论：绘制葡园新蓝图

通过总结葡萄园现状及收集到的更新诉求，并结合在晋江实践学习到的有效经验，实践团历经多次研讨会议确立了坚持以特色葡萄产业为抓手，通过发展产业融合、产业延伸等手段以推动葡萄园进一步迎合市场需求，进一步发展优势产业。既确保乡村特色产业资源充足，又充分调动果园乡民参与的积极性，促进“三产”融合发展，凝心聚力，为乡村振兴注入青春力量。

图 7　实践团在葡萄园进行实地调研

四、设计赋能

从党的十九大报告将“乡村振兴”作为国家发展战略开始，乡村建设就成为整个社会关注的重要命题。如何打破千村一面的困境，以创新思维提升乡村竞争力，也成为团队面临的首要问题。除了基本的景观改造，完善基础设施和公共服务设施之外，挖掘乡村文化，通过设计打造具有文化艺术价值的标识、形象及文创产品也是乡村振兴的重要组成部分。

葡萄园更新方案结合延庆区发展规划以及葡萄园自身发展需求，以建设美丽乡村为根本目的，以提高农民整体生活质量为出发点，以改善农民生产生活为主要内容，以农业产业为主要形式，以点带面，逐步推进农村一、二、三产业融合发展。

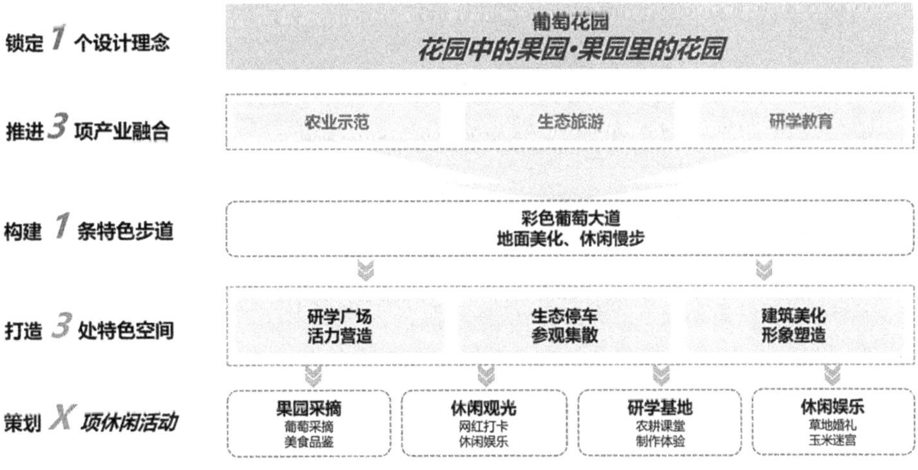

图 8　金粟葡萄园产业设计构思

除去传统农业为第一产业，团队确定以“花园中的果园·果园中的花园”为理念打造集农业、文旅、研学为一体的乡村综合发展新模式，以葡萄园为纽带让城市居民“和大地有一点交情”。

在规划过程中，团队设计专业的成员利用美术特长，设计并绘制葡萄园主题标识及葡萄 IP 形象。团队共设计了 4 款形象 IP，分别由四种特色葡萄衍生而来，并将其广泛应用于园区标识牌、墙体彩绘、花池矮墙等景观小品中，同时设计多种文创产品吸引游客购买，其中包括但不限于水杯、T 恤等实用产品以及种子门票、IP 盲盒等创意产品，突出其独特性，结合葡萄园研学旅游模式形成特色推广。

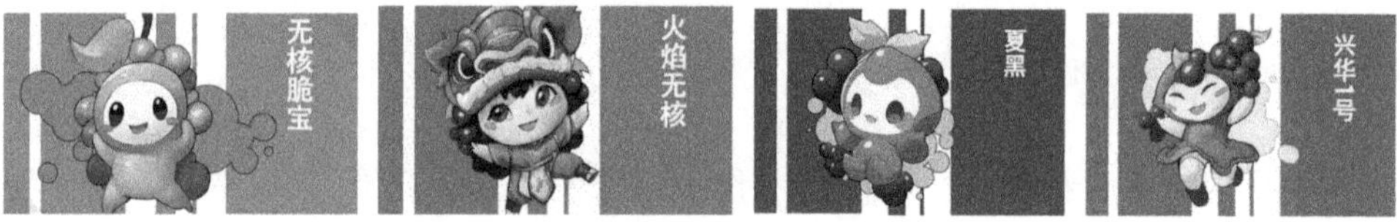

图 9　四种葡萄拟人化 IP 形象

图 10　金粟葡萄园部分文创产品

五、多团队协作

乡村要振兴，离不开人，更离不开多团队的共同协作。在建设过程中，区政府协调负责推进本区活动，研究制定相关政策和具体实施；乡镇政府负责做好高校团队赋能乡村全过程的组织与实施；合作社是活动的责任主体，应积极对接高校开展改造工作；果农作为基层民众，拥有最真实的体验和感受，高校应充分听取果农意见及建议进行精细化改造。

团队依托北方工业大学高校力量，在园区规划建设过程中搭建多主体互动协商平台，通过组织交流会议、公众参与活动全面推动区镇政府、合作社、高校团队及农民等多主体之间的联系。通过加强政府指导、部门协调、多方参与，共同促进首都乡村振兴战略顺利推进。

图 11　团队认真倾听果农及工作人员的意见

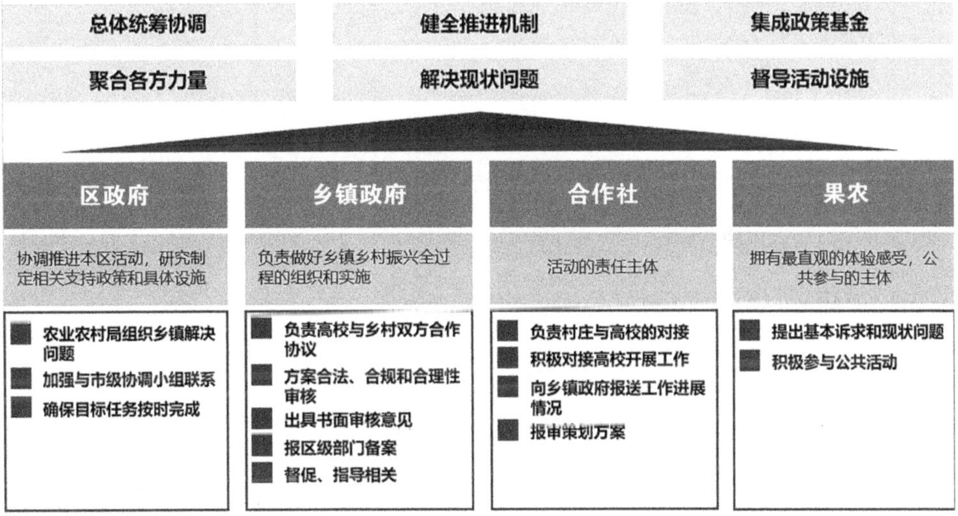

图 12　多团体协商组织示意图

六、结论

团队在李婧老师的带领下以社会实践为起点开展乡村振兴实践项目，就金粟葡萄园的更新实践提出建设性、借鉴性和普适性的参考意见，以金粟葡萄园为样本，启发引领多项产业的植入，并辅助以宣发和运营举措，实现自身产业产能活化和周边环境品质提升。团队期望通过对“金粟葡萄园”的实践研究,探索符合实际的乡村振兴经验,帮助乡村摆脱现有困境,为其他乡村振兴项目提供借鉴思路。

(建筑与艺术学院“萄园筑梦”实践团
团队成员:殷舒瑞 雷雅晶 段嘉伟 薛峰 汪心蕊 林雨欣 薛然
梁铭玉 吕文静 田新榕 王曼凝 金梦然 史华祺 程帝 段丽涵)

探访齐国故地　体悟中华优秀传统文化魅力

齐文化作为中华优秀传统文化的重要组成部分，不仅为千年前的齐国发展奠定了文化基础，更包含着与当下发展要求不谋而合的开放、包容、改革、创新的精神内核。北方工业大学"齐风鲁韵"文化调研团立足山东齐文化资源开展调研活动，实地了解齐文化的传承发展，并与相关单位进行交流，体悟传统文化在当代的传承发展和"两个结合"的重大意义，在实践中增强调研团成员对文化自信的理解，增强民族自豪感、社会责任感和历史使命感，为建设中国特色社会主义文化强国贡献力量。

一、实践过程

（一）探寻太公始封地，溯源齐文化发端

为溯源齐文化，调研团首先来到了姜太公始封地——山东省潍坊市昌乐县，先后探访了太公湖、太公祠等地，并与当地文旅局和宣传部开展了座谈会，了解了关于营丘地望问题的考辨以及姜太公的思想内容和齐文化开放、包容、创新、发展的思想内核。在了解古城村依托姜太公文化探索建设文化旅游特色村的过程中，看到了当地将文化资源转化为产业，在产业上实现乡村振兴的实际行动和决心。

图 1　调查团成员与昌乐县相关部门座谈交流

“将文化资源转化成产业，在产业上实现乡村振兴。”昌乐县委宣传部文化科负责人赵顺顺在座谈中讲述昌乐县对以齐文化为主的中华优秀传统文化进行创新性转化、创造性发展的规划和落实情况时说道。调研团指导老师张茂林在座谈中也提倡要坚持理论学习与社会实践相结合，以服务社会为根本导向，做好调查研究，做好转化运用，切实承担起中华优秀传统文化繁荣发展的时代重任。

(二)游访齐国故城，探索齐文化脉络

任何一种文化都是在一定的文化生态环境中孕育和生成的。调研团成员们了解到，齐文化作为一种独特的文化体系，是在齐地形成的以东夷文化为底蕴，融合了商周文化的优秀传统文化，体现着具有滨海地区特色的“工商利国”的物质文化和具有多元色彩的精神文化。

2023年8月3—6日，调研团一路沿着齐文化东线遗址，先后到青州博物馆、齐文化博物馆、即墨古城等地进行文化考察与调研，通过雄浑厚重的文物陈列和文字专题集中了解了齐文化的思想内核和齐国八百年的兴衰变迁，通过齐文化主题的文创产品、丰富的游学项目等了解到当地正努力使齐文化成为看得见、摸得着的文化产业，使更多的人能够在日用而不觉中增强文化自觉，从而实现齐文化的创造性转化、创新性发展。

图2　调研团成员参观齐文化博物馆

(三)探访孔子故里，领会齐、鲁文化融合

通过查阅相关文献资料，调研团成员们了解到齐、鲁文化由于地理环境、文化基础和理念不同，存在明显差异，但是二者的交流从未间断，逐渐从独立并行到交叉融合，因此，对齐文化的调研离不开对鲁文化的关照。调研团探访孔子故里，深入调研鲁文化，并结合齐文化调研成果，得出了齐重工商而鲁重农桑，齐重尊贤而鲁重亲亲，齐尚变革而鲁重守成的结论，并且通过“孔子闻韶”“晏婴以礼治国”等经典故事了解了齐鲁文化合流的基础。

图 3　调研团成员在三孔调研学习

二、调研结果及建议

本次活动调研团采取实地观察法、访谈调查法以及文献调查法等方法，实地走访调研并采访了当地政府的工作人员，探讨了齐文化内涵及其创新性发展、创造性转化的问题，分析了如何更好为当地经济、文化发展带来积极影响。

经过调研，调研团成员发现当地的齐文化资源丰富，并得到充分挖掘，其发展也得到了较高重视，一些文化遗址、博物馆一定程度上为齐文化的传播发展提供了支撑载体，文化资源在一定范围内得到较好的宣传和推广。但通过实地走访调查，也发现了一些存在的问题：偏远地区景点建设和宣传薄弱、产品开发不足、人才培养不足等，并针对这些问题提出了应加强基础设施建设、推进文创产品创新升级、建立定期交流机制等相应的建议。

三、活动总结

“齐风鲁韵”文化调研团通过此次实践活动，深入探究了齐文化的发端、兴盛、衰落，进一步了解了调研地区对齐文化的传承以及创新转化情况，将书本上的知识落在实处，亲身感受齐文化的厚重与辉煌，品味齐文化的深刻内蕴。

齐文化的核心是“创新”，当代中国正经历着我国历史上最为广泛而深刻的社会变革，作为马克思主义理论的学习者、宣传者、践行者，我们应牢牢把握“两个结合”不动摇，努力将马克思主义理论与中华优秀传统文化相结合，致力于推动中华优秀传统文化的创新性转化、创造性发展。作为青年更应当始终对中华优秀传统文化心怀敬畏与感激,坚定传承中华文明的信心。

了解历史是为了更好地创造未来,今后,“齐风鲁韵”文化调研团将继续扎根中国大地,保护好、传承好、传播好灿烂的中华优秀传统文化,用实际行动书写新的文化篇章,为建设社会主义文化强国作出应有的贡献。

图 4　北方工业大学“齐风鲁韵”文化调研团成员合照

（马克思主义学院“齐风鲁韵”文化调研团
团队成员:魏玉真　刘梦荧　李昱荟　彭玮振　王艺萱　张华超）

信息学院“青信添翼”助力就业暑期社会实践

一、引言

本次社会实践活动是北方工业大学信息学院“青信添翼”助力就业暑期社会实践项目。团队通过与北京思特奇信息技术股份有限公司、北京“两区”展示会客厅、元宇宙应用创新中心、国家网络安全产业园区(通州园)、北京城市副中心规划展厅等单位的交流和调研,旨在增强校企联系,提升专业与行业认知,推动拓岗促就业工作。

二、实践活动概述

本次团队共进行了7天的实践活动。首先,我们与思特奇公司进行了深入交流,了解了信息技术行业的发展趋势和就业形势。其次,我们参观了北京市“两区”建设情况,调研了元宇宙产业生态建构,与企业共同开展了交流座谈会。最后,我们前往雄安进行了城市规划、经济、教育、科技、旅游业等方面的调研,并采访了朝阳区的优秀毕业生。

三、躬身而行

(一)探访思特奇

通过实践活动,团队取得了丰富的实践成果。我们深入了解了信息技术行业的发展趋势和就业形势,提升了对行业的认知和理解。通过与思特奇公司的交流,我们了解到了信息技术行业的前沿技术和应用场景,为我们的专业学习和就业规划提供了重要的参考。

(二)探访北京“两区”建设

我们参观了北京市“两区”建设情况,了解了城市规划和发展的相关知识。通过实地考察和与相关负责人的交流,我们深入了解了北京市“两区”的发展目标和

图 1　校企合作签约

图 2　"青信添翼"与思特奇

规划布局,对城市规划和发展有了更加全面的认识。由中关村通州园管委会牵头,实践团与中关村通州园区各企业召开了校企人才供需对接会。会上实践团成员代表详细介绍信息学院 2024 届毕业生情况,与企业代表进行了充分沟通。会后学院与园区 8 家企业建立了初步合作关系。

图 3　北京城市副中心规划展厅

图 4　校企合作对接会

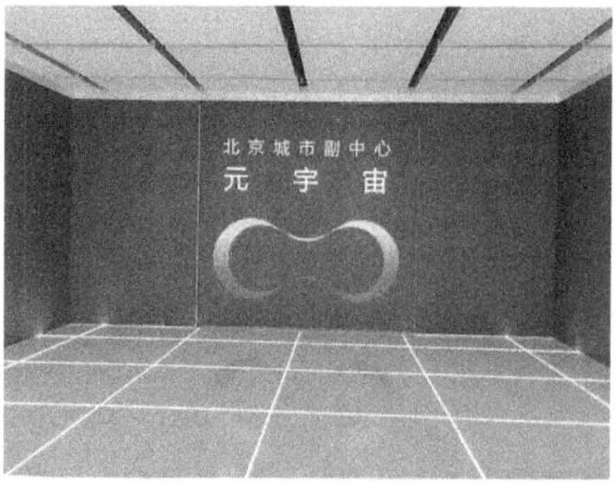

图 5　元宇宙规划展厅

我们调研了元宇宙产业生态建构,了解了新兴产业的发展趋势和前景。通过在元宇宙应用创新中心的交流和参观,我们了解到了元宇宙产业的发展现状和未来发展方向,为我们的创新创业提供了新的思路和机遇。

(三)探访雄安

在雄安进行的调研活动中,我们了解了雄安市的发展规划和未来发展方向。

通过参观雄安印象城市展厅、雄安市民服务中心（企业园）、雄安商务服务中心等地，我们对雄安的城市规划、经济、教育、科技、旅游业等方面进行了深入调研。我们了解到了雄安市作为国家级新区的发展目标和规划布局，对于北京“非首都”功能的疏解、未来的城市发展和就业创业提供了重要的参考和启示。

图 6 雄安印象展馆

图 7 雄安展厅内部

（四）探访优秀毕业生

我们采访了朝阳区的优秀毕业生，了解他们的就业经验和职业发展。通过与优秀毕业生的交流，我们获得了宝贵的就业指导和职业规划建议，使我们的就业准备和职业发展有了更加清晰的方向。

图 8 采访优秀毕业生

四、成果评价

通过本次社会实践活动，我们团队取得了丰富的实践成果。

首先，我们加深了对信息技术行业的认知和理解，了解了行业的发展趋势和就业形势。这对于我们的专业学习和就业规划具有重要的指导意义。

其次，我们对城市规划和发展有了更加全面的认识。通过参观北京市“两区”建设情况和雄安的城市规划，我们了解到了城市发展的目标和规划布局，对于我们的城市规划和建设有了更深入的了解。

再次，我们对新兴产业的发展趋势和前景有了更加清晰的认识。通过调研元宇宙产业生态建构，我们了解到了新兴产业的发展现状和未来发展方向，为我们的创新创业提供了新的思路和机遇。

最后，通过与优秀毕业生的交流和采访，我们获得了宝贵的就业指导和职业规划建议。这对于我们的就业准备和职业发展具有重要的帮助和指导作用。

为了能够更加精准了解企业对我们的需求和行业现状，从而提高毕业生求职精准性和成效，我们借助大数据爬虫技术，绘制出了关于就业需求“三云图”即个人素质、岗位需求和技能要求，帮助同学们明晰职场现状，更快更精准地实现自我定位。目前，已有 20 余名同学在我们对接的企业中投递了简历，正在与企业陆续开展校企人才对接的合作。

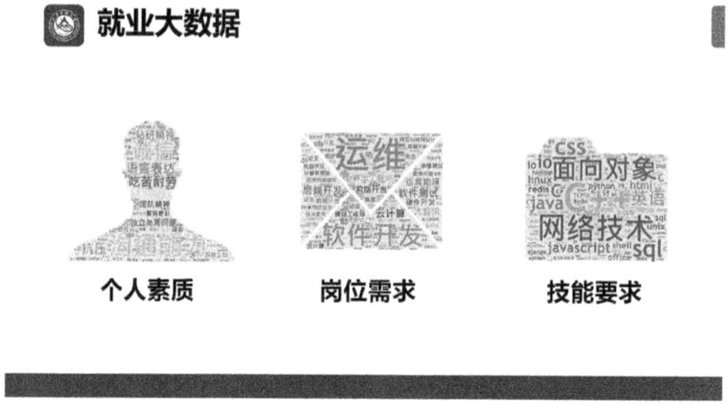

图 9　就业大数据“三云图”

五、反思与展望

通过本次社会实践活动，我们不仅获得了宝贵的实践经验，还提升了团队合作能力和专业素养。我们深入了解了信息技术行业的发展趋势和就业形势，对城市规划和发展有了更加全面的认识，对新兴产业的发展趋势和前景有了更加清晰的认识，获得了优秀毕业生的就业指导和职业规划建议。

在未来,我们将继续加强校企联系,推动拓岗促就业工作,为学校和社会做出更大的贡献。我们将继续深入学习和研究信息技术领域的前沿技术和发展趋势,不断提升自己的专业素养和技能水平。我们还将继续关注城市规划和发展,积极参与城市建设和发展,为城市的繁荣和进步贡献自己的力量。同时,我们也将继续关注新兴产业的发展,积极探索创新创业的机会和方式,为社会经济的发展作出贡献。

在团队合作方面,我们将继续加强团队协作和沟通,提高团队的凝聚力和执行力。我们将注重团队成员的专业培养和能力提升,鼓励团队成员积极参与各类实践活动,不断提升自己的实践能力和综合素质。

(信息学院“青信添翼”助力就业实践团
团队成员:杨畅星 黄昌龙 王先满 张文昊 余春霖 裘纪元
李博闻 陈翔 马福生 袁好 谭鑫杰 李博钖 冉玄烨)

青年力量引领多元合作新时代

一、项目概述

本次社会实践项目的主题是促进境内外青年之间的交流与合作,构建多元、开放、包容的国际交流平台,促进青年的跨文化理解和全球视野的拓展。我们鼓励青年为世界团结发展发出自身的声音,贡献自己的力量。

二、活动目的

(一)跨文化交流与理解

通过合作项目,使境内外青年有机会深入了解彼此的文化、价值观和生活方式,促进跨文化交流与理解,打破国界壁垒。我们相信,只有相互尊重、包容与理解,才能真正实现世界各国人民之间的和谐与合作。

(二)友谊和合作

通过合作项目,使境内外青年建立起深厚的友谊,并共同努力解决共同面临的挑战,培养合作精神和团队合作能力。友谊和合作是推动社会发展的重要基石,通过团结一致、携手合作,我们能够共同创造更加美好的未来。

(三)全球视野与国际影响力

通过合作项目,使境内外青年增加对全球问题的关注。在这个日益全球化的世界,我们需要全球视野,关注全球议题,以更加积极的姿态参与国际交流与合作。

三、实践团活动内容

(一)跨文化陶艺与历史之旅

在大学生社会实践活动的第 1 天,我们与外国留学生一起参观南锣鼓巷,体验中国传统陶艺。这次活动展示了跨文化交流的力量和创造力。我们与外国留学生一同创作陶艺作品,不受国界的限制,展现了各自独特的创意和文化印记。

图 1　与外国留学生体验中国传统陶艺

第 2 天,我们与外国留学生一同探索北京的文化遗址,其中包括了著名的鼓楼。我们在鼓楼前观赏了精彩的击鼓表演,并站在观景台上,向外国留学生介绍了鼓楼附近老北京四合院和胡同文化的特色。通过这些探索,我们帮助外国留学生深入了解了北京城的历史与文化。

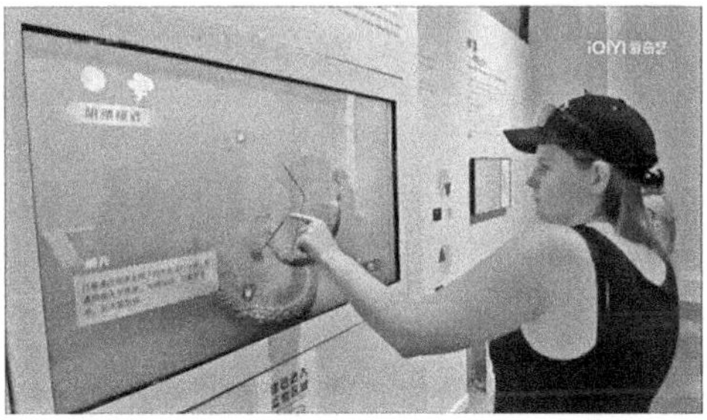

图 2　与外国留学生探索北京文化遗址——鼓楼

(二)“你和我 · 在北京”“北外汉语桥”夏令营活动

2023 年 7 月 25 日,线下实践团成员作为活动志愿者,与外国学生们一起参与

图 3　实践团在北外汉语桥活动中进行中外友好交流

图 4　体验书法课程

到了此次夏令营活动中,协助讲课老师一起,帮助外国学生们更好地体验中国传统文化。本次活动项目丰富,分为茶文化、书法、葫芦丝等。

在茶艺课堂,茶艺老师从茶文化历史、茶对人的好处以及茶的种类分别作了讲解,并示范了泡茶步骤。实践团成员协助茶艺老师将泡好的茶分给外国学生品尝。活动中,外国学生表现出了对于中国茶文化浓厚的兴趣与喜爱。活动后期,茶艺老师和实践团成员一起帮助外国学生试穿汉服和亲自体验泡茶过程。

图5　在茶文化课堂中实践团成员与外国学生进行茶文化交流

在国画课堂里,国画老师鼓励学生们发挥创意,融入自己的文化元素和个性,使作品更加丰富多样。通过国画课堂的学习和实践,外国学生们不仅了解了国画的技巧和创作过程,更重要的是感受到了中国国画艺术所散发的独特魅力和精神内涵。

在葫芦丝的课堂中,乐器老师以《友谊地久天长》这首歌曲作为这堂课教学重点,会乐器的实践团成员协助葫芦丝老师一起,帮助外国学生演奏葫芦丝。课程尾声外国学生已基本掌握歌曲演奏方法,并和老师一起合奏了《友谊地久天长》。听着整齐的音乐声,看着大家洋溢着喜悦的脸庞,实践团成员们都相信,正如这首歌的名字一样,中外青年的友谊也必定能够地久天长。

图6　在国画课堂中实践团成员与外国学生进行艺术交流

图7　在葫芦丝课堂中实践团成员与外国学生进行传统音乐交流

活动结束后，实践团成员与外国学生们进行了合影留念，记录下了这一次愉快的交流经历。外国学生纷纷表示在这一次活动中有很大收获。来自波兰的米沃什同学表示："在本次夏令营中不仅学习到了中国知识，体验了中国文化，还对中国有了更加真实、立体、全面的感知"。来自意大利的宋海清同学（Kacper）表示："在本次活动中结交了很多热爱中国文化的朋友，希望把自己亲眼所见分享给海外的家人和朋友。”实践团成员不但在活动中结交到了更多外国朋友，也真实感受到了外国学生对中国文化的热爱。

图 8　此次传统文化交流活动圆满结束合影

（三）座谈会

我们定期开展了一些文化交流的座谈会。在座谈会上，来自不同国家的交流生们一起分享他们在不同国家时获得的文化体验，我们进行中国文化的宣传，并对留学生们进行采访，开展线下访谈，获取他们的看法与需求。

（四）调研

我们采取调查问卷和线下访谈相结合的方式，希望通过调研找到优化中外文化交流及融合的方法和策略，促进中外青年交流的发展。根据调研结果，提出具体的推进措施和建议，以促进中外青年交流的深入发展。我们分别从 10 个方面得到了留学生们对教育体系差异的看法，并详细了解到不同国家教育体系的现状，以及不同国家在教育过程中的侧重点等。在横向对比侧重点之后我们得出了中国教育体系的优势和不足之处，并针对不足之处提出了一些解决措施。通过这次调研，我们更好地理解了青年的思想动态和现实需求，为“青系四海”项目的进一步推进提供了数据支持。

图 9　文化交流座谈会

图 10　调查问卷

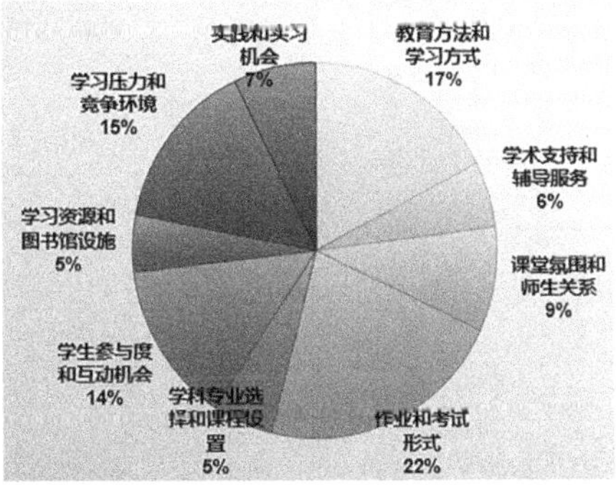

图 11　教育体系差异

四、对未来的展望

基于本次实践项目的成功经验和收获,我们对未来有一些展望。我们希望能够继续推动跨文化交流与合作的工作,搭建更多的国际交流平台,为青年创造更多参与国际事务的机会。我们希望能够进一步拓宽自己的视野,关注更多的全球问题,并积极参与解决。我们相信,通过自己的努力和贡献,可以为世界的和平、繁荣与可持续发展做出积极贡献。

(伦敦布鲁内尔学院"青映国际"实践团
团队成员:萨逸娜 曾令旸 彭丽琳 宋翔辰
甄泽阳 马梦萧 邹齐 喻言)

“乡约有理”实践团总结报告

北京市密云区石城镇西湾子村环境优美，有良好的旅游风景，也有着自己的区域特色。但该村由于地理位置偏僻、知名度不高，特色农产品仅仅存在于街角巷口村民的吆喝声中，游客更不曾注意深山中的别有洞天。因此，探究如何发展该地落后的经济无论从个人层面还是社会层面都存在着深远的意义，不仅能够提高我们的社会责任感，更能为经济社会发展做出贡献。

本次调研采用了线上问卷以及实地调研相结合的方式。线上问卷由小组成员共同商讨制作，并通过诸如微信朋友圈之类的方式发放并收回，主要调查了不同年龄段的人群对于乡村旅行的看法与预算，并调查了人们对乡村吸引客流因素的重视程度。实地调研由小组成员结伴前往西湾子村周边，进行了 7 天 6 夜的实地调研，与相关管理人员对接，确定并推行了部分有益于乡村发展的方法，并构建了有关管理方向的数据库。

图 1 “乡约有理”实践团

在前往西湾子村地区进行实地调研前，我们通过网络等渠道对该地进行了初步的了解。我们发放了问卷来了解大家对于乡村旅游的看法，以便后期工作的实施。问卷分析的结果为我们明确了开展乡村旅游调研的重点和实现路径。

图 2　实践团在讨论发展方向

我们了解到该地有着良好的红色教育背景，得知在村子里有一个自然发展的学堂——燕山学堂，于是我们决定前往燕山学堂了解情况。到达燕山学堂后，我们与负责人进行了交流，了解到燕山学堂正面临规模较小、人手不足等困难。我们进行了讨论，提出构建志愿者管理系统的设想，面向志愿者团队和燕山学堂，为双方提供便利。

图 3　实践团在与燕山学堂负责人交流

在西湾子村，我们设计了结合当地实际情况的志愿者管理系统，协助管理该地与我们未来可能进行的相关合作。向学校申请志愿者援助，通过定期派出志愿者进行志愿活动，协助打扫街道、学堂教育、红色宣传等工作，基于此想法，我们通过 mysql 构建了志愿者服务管理数据库。

具体，我们设计了 7 个实体：志愿者、校负责人、当地对接人、志愿项目、志愿记录、小组成员、志愿内容。

以下是 crow'sfoot 图呈现各实体间关系：

该数据库名为“志愿者管理系统”，旨在管理与志愿者服务相关的信息。它包含了多个表，分别是“志愿者”“校负责人”“当地对接人”“志愿项目”“小组负责人”“小组成员”“志愿记录”“志愿策划”和“志愿内容”。这些表之间通过外键建立关联关系，形成完整的数据库结构。

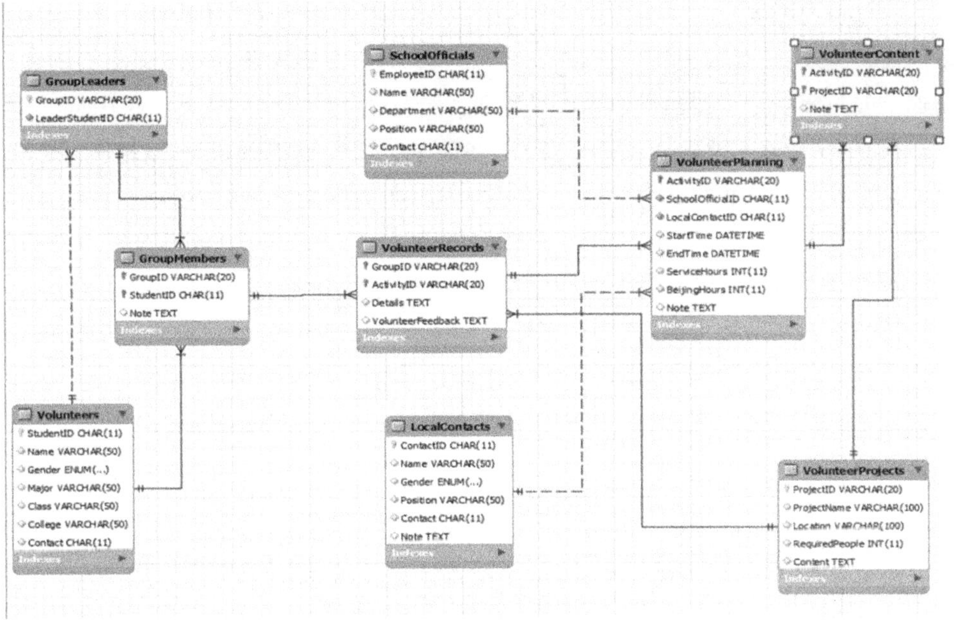

图 4　志愿者管理系统

经过我们的初步调试,该数据库没有产生任何异常,相信不久的将来便可以用于实际,为乡村振兴增光添彩。

记录乡村振兴的过程,不仅是为了与同行者们聊以共勉,更是为了体现思考过程本身的价值所在。乡村振兴是一场伟大而艰巨的革命,需要我们许多人贡献出自己的力量,奉献于社会,报效于国家。

在整个乡村振兴调研期间,我们面临着各种困难与挑战,历经分歧与对立,协商与统一,但最终,我们通过团结协作解决了种种难题,这次的活动使我们受益匪浅。

我们在这次的乡村振兴调研中遇到了诸多困难。环境保护与经济发展要如何协调?落后地区究竟要如何摆脱人才凋零的恶性循环?乡村振兴过程中遇到的种种困难要如何克服?这些问题都亟待我们的探究与解决。

同样地,我们也有很多收获。我们深刻感受到了实地调查的重要性。在前往西湾子村地区之前,我们结合网络信息做出了诸多设想,但当我们抵达西湾子村后才发现我们所做的设想均是脱离实际的空谈,唯有结合当地的实际情况才能做出正确的决断。

同时,我们也领会到了团结协作的意义。闻道有先后,术业有专攻,每个人都有不同擅长的领域。在一个团队中,唯有各司其职,各取所长,才能切实地提高团队的优秀程度;唯有取长补短,和衷共济,才能有力地提高团队的办事效率。因此,协调个人与团队是一切团结协作的必修课。

同时,我们也感受到了乡村振兴工作的不易。或许也正因如此,乡村振兴才会是国家重点稳定发展的必由之路,才会有一代代的青年走入乡村,引领乡村前往阳光普照的明天。

我们本次前往西湾子村的调研结束了,但还有更多青年人在更多的经济落后的乡村中以青春书写华章,创造着更加美好的未来。我们对乡村振兴的工作永远保持一颗崇敬之心,对乡村振兴的工作者永远保持一颗憧憬之心,心怀理想,必能冲破荆棘,抵达彼岸。在文末,对所有的乡村振兴工作者,献上最美好的祝福,致以最崇高的敬意。

(理学院“乡约有理”实践团
团队成员:纪梦宇 贺昶玮 李文扬 张豪天 杨晨麟
锁兴乐 李鹏飞 宋子玉 王静怡 雷雨晴)

基层治理聚合力　青春实践赴通州

党的十八大以来，习近平总书记始终坚持“以人民为中心”的发展思想，力求推进民生实事项目办理和基层建设，增进民生福祉。通州区张家湾设计小镇是北京市首批五个特色小镇之一，对城市副中心建设起到推动作用。

为深入参与基层治理、增强社会责任感，团队依托校企合作，采用多元协作、多部门参与等手段，深入实地进行调研走访，为该片区发展建言献策。

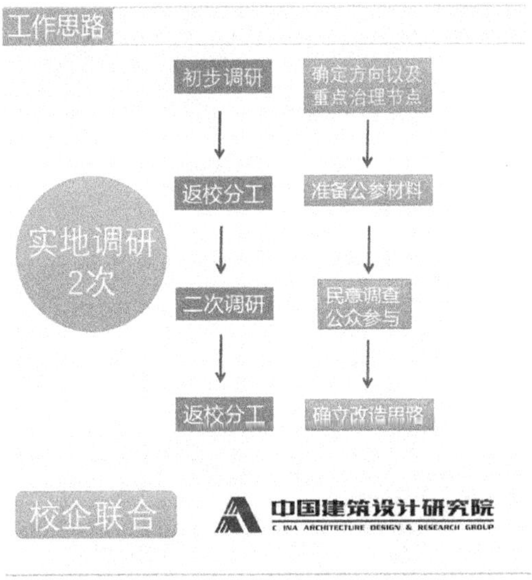

图 1　工作思路

本文以北京市通州区张家湾镇为主要研究对象。张家湾镇位于通州区中部，主要分布有设计小镇、张家湾古镇、环球影城等功能区域，是京杭大运河北部起点，区位优势明显，承载着深厚的大运河文化。

更新片区位于张凤路、张采路沿线，片区内主要交通集中在两条二级公路上，涉及村庄段约 6 千米。目前，片区现状用地主要为基本农田和林地草地。现状路网密度较低，两条主路路况较好，而其他支路相对较窄，路况较差，道路两侧缺少人行空间，出现人车混行现象。张凤路和张采路两侧的沿街建筑功能多为服务设施，沿街多为低层建筑。道路周边村庄以一层平房为主，风貌较差，外观单一。

图 2　现状概览

研究方法为场地调研及访谈法。通过初步调研确定治理方向以及重要节点，进而准备公参材料进行民意调查与公众参与，最终确定改造思路。

图 3　实地采访

团队整合出工作内容三项：立足牛堡屯节点进行公众参与，有序推进更新行为；结合张湾大集节点进行乡村治理，妥善处理生活集市与交通拥堵问题；立足“湖田林草”片区特色整理道路两侧植被，加强推进生态建设。

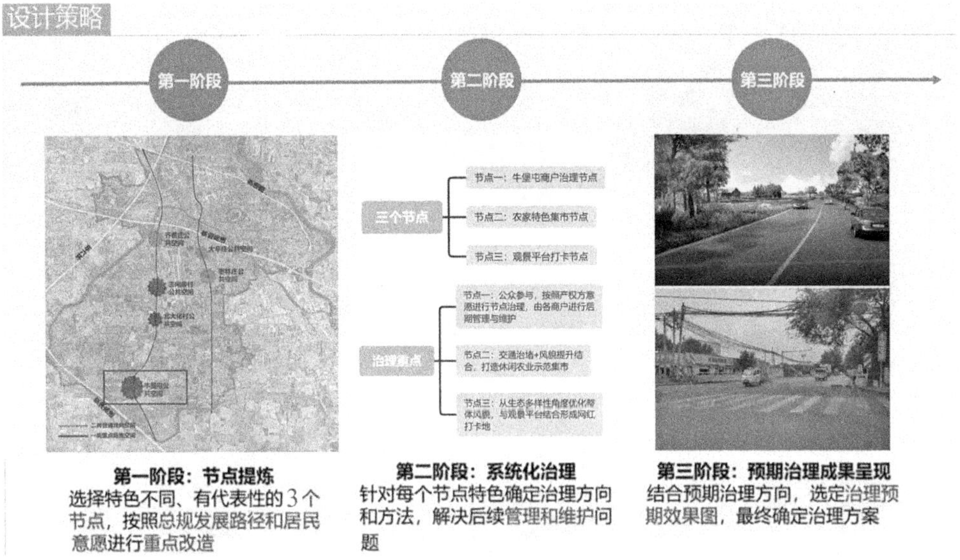

图 4　设计策略

牛堡屯节点

在空间景观层面，居民和商户均倾向于利用公共空间实现店铺外摆，而非划分停车位。若必须设置停车空间，需在保留公共空间的基础上进行车位划分，保持街道生活性和商业性。居民普遍对景观绿植要求不高，希望通过设置大型行道树起到遮阴效果，形成良好的步行条件和生活空间。在此基础上，可适当将大运河等文化因子融入景观设计中，延续文化脉络。在街道管理和维护方面，若能按照居民意愿进行空间景观改造，居民均愿意承担日常维护责任，真正做到"人民城市人民建，人民城市为人民"。

在建筑外立面方面，居民普遍认为外立面需进行清洁，促进风貌统一。因此，居民大都希望尽可能统一牌匾标识的大小和样式（在此基础上保留各店铺个性），并统一设置广告立牌。为提高街道照明程度，促进街道安全建设，居民希望将 LED 灯与店铺牌匾结合，在保证安全的同时使牌匾更为醒目。

总体来看，居民对于空间景观的关注度远胜于建筑外立面的关注度，表现出居民对美好生活品质的追求。经调研，牛堡屯居民均有较强公民意识和责任感。

图 5　公众参与

图 6　公参结果

张湾大集节点

张采路沿线集市繁多,道路两侧多为简易摊贩,售卖水果。其中有两处较为集中的集市,逢 3 逢 8 早上设市,人流量较大。下午大部分撤走,但部分保留,人流量相对减小,均易造成交通拥堵。由于两侧商业活动繁忙,且均与张采路相连,人流与车流集中向张采路方向汇集,造成区域交通拥堵。与张家湾桥相连的十字路口处(张湾大集所在区域)低级道路汇入高级道路,道路标志模糊,人车混行,居民交通规则意识淡化，与之相连漷马路事故高发，道路环境状况混乱。

"湖田林草"片区

实践过程中，团队关注片区生态状况，力求依托城市副中心绿心，助力片区风貌优化提升。调研发现，片区路段两侧植物选择存在问题，植物种类面临更换，植物密度过高，缺乏相应养护。

图7 改造意向

依托校企合作平台，本次实践活动与责任规划师制度相结合，充分立足专业特色、融入思政精神，用心感悟"枝叶总关情"的为民初心和基层治理内涵，领略通州城市副中心发展变化，在思学践悟中助力基层发展。

在实践过程中，我们解决了以下问题：

以公众参与为切入点，倾听百姓想法。团队以公众参与为实践改造切入点，在前期大量摸牌实地调研中，确定"畅行绿野，魅力田园"规划主题。在后期实践过程中，团队深刻落实总规发展路径政策并听取居民、政府多方意愿，确定整体工作方向及重点治理节点，并结合治理预期效果图展板，最终确定治理方案。

多元整治，打造休闲示范点。针对张凤路、张采路沿线道路车道狭窄、标识模糊、管控缺失问题，对重点路段交叉口提出车道拓宽、信号配时及渠化交通的更新手段。在近路旁，张湾大集及沿线小集作为当地特色生活风貌，充分发挥其优势特点，规划打造成为集吃住行游购娱一体“大集农业休闲示范点”。

“湖、田、林、草”生态多样推进发展。调研发现，沿线植物部分缺乏维护，且面临生长周期结束亟须更换树种问题，整体环境风貌缺乏协调。因此团队立足于生态多样性打造，构建一环一主三次生态结构，引入多元预制场景构建设计方法，选取五感植物作为生态种植，充分提升当地景观环境。

“同人民一道拼搏、同祖国一道前进，服务人民、奉献祖国，是当代中国青年的正确方向。”从校园到基层，实践团将学校中学习的专业知识与现实问题深度融合，携手群众、集思广益，助力片区发展，体现出新时代青年的责任感与使命感。

图 8　团队合影

（建筑与艺术学院“青智共治”实践团
团队成员：袁乐仪　许雅珺　邹康杰　董言
杨雨晴　李心怡　胡长俊　席腾）

“互联网+”融合助力乡村振兴 探索北庄镇特色“旅游+”发展新路径

一、不忘初心:绿源星再出发

生态文明建设是关系中华民族永续发展的根本大计,是关系党的使命宗旨的重大政治问题,是关系民生福祉的重大社会问题。在全面建设社会主义现代化国家新征程上,我们要做“绿水青山就是金山银山”理念的积极传播者和模范践行者,身体力行、久久为功,为共建清洁美丽世界作出更大贡献。如何利用青年力量服务地方,利用生态优势转化为经济发展助力,成为我们需要思考的问题。

为深入学习宣传贯彻党的二十大精神,贯彻落实习近平总书记关于生态文明思想的论述,北方工业大学绿源星青年实践团,主动下沉乡村,走进田野,在不怕苦、愿吃苦、善吃苦中淬炼出“逢山开路,遇水搭桥”的本领,努力成为可堪大用、能担重任的栋梁之材。本次实践紧紧围绕生态保护、红色传承和农产品直播带货,以推动乡村振兴和可持续发展为目标而展开。依托当地优势,我们通过科技力量助力北庄镇乡村振兴,助力农民增收致富,推动美丽乡村建设。

图1　学校党委副书记史贞军与团队合影

二、实践历程

绿源星青年实践团本次社会实践共下设五个板块。

(一)绿水长流青山在,共建密云好生态

实践团成员来到密云水库文化展览中心进行参观,密云水库展览馆以水库建设发展为主线,通过老照片、场景还原等多种手段,讲述密云水库的前世今生。在一天的学习中,团队成员了解水库建设的时代背景、建设历程及发挥作用情况以及密云人民建设和守护密云水库的奋斗华章,这让成员们对习近平生态文明思想有了更深一步的认识和理解,同时也切身体会到了密云人民在修建水库过程中做出的巨大牺牲以及贡献。

图2　在密云水库文化展览中心参观学习

图3　在承兴密联合县政府旧址参观学习

（二）长城脚下红旗飘，红色北庄铸党魂

为探索红色资源的保护与利用，实践团前往位于北庄镇镇域内承兴密联合县政府旧址进行参观学习，承兴密地区抗战历史雄辩地证明，中国共产党是抗日战争胜利的中流砥柱，以爱国主义为核心的伟大民族精神是抗日战争胜利的决定因素。成员们感受到了广大抗日军民万众一心、同仇敌忾、前仆后继的奉献精神，鞭策自己铭记历史，从党的奋斗历史中汲取前进力量。

（三）线上线下齐调研，有理有据共实践

实践团认识到实践需要有充分的理论依据与数据来源，于是前往北庄镇乡村发放调查问卷，走近村民，走入基层，寻访调查。本次调查问卷分别从线上、线下进行，主要调查了乡村环境、红色资源以及乡村振兴战略对北庄村的巨大改变，并询问了村民们对直播助农的了解情况以及他们对直播助农的看法。得到的宝贵数据为实践团指明了具体实践方向。

图 4　在北庄镇朱家湾村发放问卷实地调研

图 5　在北庄镇蜗牛农场实地调研特色农业

（四）电商直播助农业，创建文旅新模式

为探索基于乡村振兴战略下的新型农业模式及文旅产业发展现状，实践团成员先后来到了蜗牛小镇、搜狐农场、山里寒舍进行实地调研。在这里，同学们目睹了“养鱼不换水，种菜不施肥”的“渔菜共作”模式，感受到特色农业休闲园以及乡村特色民宿在北庄镇乡村振兴过程中发挥的重要作用。

实践团成员们在实践的过程中了解到搜狐农场的玉米属于绿色有机种植并获得有机认证，团队成员借此机会与农场达成了直播带货助农的合作意向。经过充分准备后，同学们到搜狐农场与农场负责人共同开展农产品直播带货活动，希望通过电商助农的形式，提高农产品的知名度，促进农产品的销售。

图 6　在北庄镇搜狐农场进行直播带货

(五)不忘初心跟党走,揭榜挂帅新征程

实践途中,我校党委副书记史贞军带队来到密云区,与当地政府探索交流校地合作,并深入一线实地看望正在此开展暑期社会实践的师生。团队指导老师娄泽仁向密云区有关领导以及校领导介绍了绿源星青年实践团近年来的社会实践情况,团队成员王子杰、李蕙伊作为学生代表,接受了石城镇党委和北庄镇党委为本次“揭榜领题”的实践团颁发的“揭榜状”。

会后,史贞军一行实地调研了绿源星青年实践团的实践地点,与实践团成员进行深入交流,团队成员陈宁宁为校领导及镇领导介绍了实践概况、实践日程、实践成果,得到了校领导以及相关实践单位的高度认可。

图 7　学校党委副书记史贞军一行参观密云区水库文化展览中心

图 8　学校党委副书记史贞军听取团队代表汇报

三、实践成果：踔厉奋发向未来，巧用实践出真知

经过为期 6 天的实践活动，绿源星青年实践团队硕果累累。实践团与搜狐农场的负责人共同完成了一场直播带货助农的活动，制作了《清水小镇》乡村振兴专题宣传片，并利用专业所学制作了生动便捷的北庄镇 H5 旅游地图，为推动北庄镇精品民宿发展，进一步形成“一村一品”的特色格局，贡献了实践团的青春力量，实现了课堂学习和乡村振兴的紧密结合。

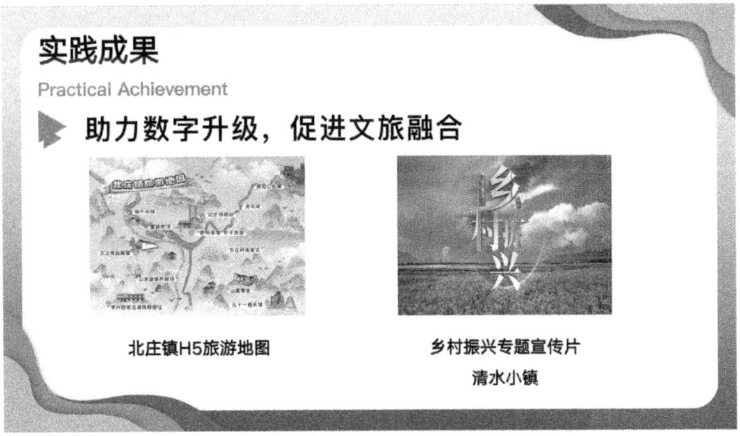

图 9　团队本次实践部分成果展示

本次社会实践得到了《人民日报》、今日头条、搜狐网、中共北京市委教育工委、北京学联等 10 余家媒体宣传，累计阅读、转发量突破了 5 万余次，创造了较好

的社会影响。同时,实践团还入选中国光华基金会“SKSUNNY 幸福行动”。获得以上荣誉是对团队成员实践经历和工作能力的认可,激励着团队继续怀着更饱满的热情投入乡村建设中。

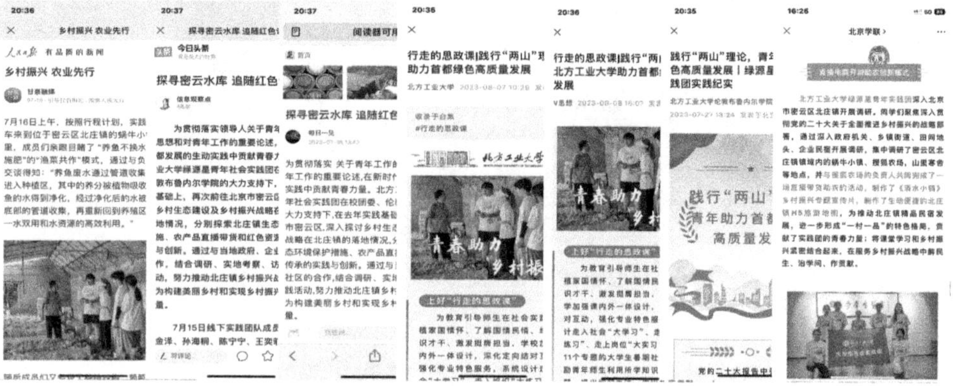

图 10　团队本次实践部分媒体报道

实践团还认识到乡村振兴以及科技助农绝对不是一晃而过的一阵风,而是要真抓实干,为老百姓以及基层人民做出真正的贡献。我们将继续坚定信念、不辱使命,将实践经历转化为不竭的奋斗动力,让青春在时代进步中焕发出更加绚丽的光彩。

图 11　团队在北庄镇蜗牛小镇调研时的合照

（伦敦布鲁内尔学院绿源星青年实践团
团队成员:王子杰　王奕菲　韩铭伟　韩金泽　李蕙伊
王忻然　赵梁宇　赵倩影　陈宁宁　孙海桐　傅佳睿）

绿沙实践团暑期实践成果报告

一、初心引领

让自然生态休养生息,让人人都享有绿水青山。习近平总书记指出:“地球是全人类赖以生存的唯一家园。我们要像保护自己的眼睛一样保护生态环境,像对待生命一样对待生态环境,同筑生态文明之基,同走绿色发展之路!”。沙漠化作为生态问题中一个重要的挑战,受到了全球的广泛关注。沙漠化不仅对人类社会产生了极大的影响,也对生物多样性和生态平衡构成了严重的威胁。

绿沙实践团立志守护地球这一片绿色,在茫茫沙漠中种下希望之树,为人类生态文明的可持续发展出一份力。实践团在两位指导老师的带领下前往库布齐沙漠,在了解了当地基本情况以及植树治沙的基本措施之后,成员们亲身经历治沙植树过程,将希望之树种植在沙漠中,共同维护已经形成的护沙林。实践团所有成员愿用自身力量,鼓动更多人关注生态环境、一同建设美丽中国。

二、实践内容

(一)沙漠绿洲,久久为功——前期准备

经过查找资料、收集相关数据、设计实践团 logo、创建团队专属公众号等初期准备活动后,绿沙实践团不仅请教了中国农业大学的谭琦亓博士,还通过独立公众号进行了相关内容的汇报宣传。

(二)拥抱绿色——初见沙漠

绿沙实践团的成员们在指导老师的带领下前往包头,并与未来林的老师们一同前往库布齐沙漠。在老师的讲解下,同学们了解到了中韩友好绿色长城项目的缘起和发展,并且知晓了在沙漠植树的艰辛。老师们带领着绿沙实践团在沙漠边缘一路向西前行,在参观沙漠的同时学习了许多治沙知识,还看到了未来林团队曾经种过的希望之树,感受到了他们对沙漠的无尽贡献。

图 1　绿沙 logo

图 2　调查问卷

（三）创造绿色——种植沙障

由于实践活动正值汛期，不利于沙漠树木的存活，绿沙实践团的成员们与老师们一起在沙漠中使用干枯的沙柳枝搭建沙障。沙障通常呈网格状环绕在植物周围，具有消减风速、固定沙表的作用，有助于植物的存活。在老师们的指导下，绿沙实践团完成挖坑、插木、填土的沙障制作过程。

图 3　沙障制作完成

图 4　制作沙障的过程

（四）共创未来——与韩方交流

从沙漠回京后，绿沙实践团总结了在沙漠实地考察中所收集的信息。实践团通过公众号等社交媒体渠道，向大众传递生态保护的理念和成果，从而引导更多人加入生态环境保护的行动中。同时，实践团还将实地考察中所拍摄的素材进行剪辑，形成实践成果视频，并将这些信息与未来林的韩国成员交流探讨，双方都表示希望将环保事业传承到一代代有志之士的手中，影响更多的人。

图 5　穿沙之路成果展示

图 6　与未来林成员交流讨论

三、现阶段实践成果与实践感悟

绿沙实践团的实践受到了人民网、中华网、中国网等多家国家级媒体的宣传报道。单篇宣传推送的平均阅读量已至 4 位数。这些数据不仅表达了媒体对绿沙实践团的实践行动的认可，也凸显了绿沙实践团此项活动的意义深远。

人民日报　有品质的新闻

与绿沙实践团一起，探寻库布其沙漠中的绿洲！

湘北在线

+关注

前言

中国是受荒漠化和沙化危害最严重的国家之一，而中国政府一直高度重视荒漠化治理工作。特别是党的十八大以来，生态文明建设被提升至前所未有的高度。

8月26日至8月27日，为了贯彻思想和我国新形势下生态文明建设与可持续发展战略，响应号召助力祖国的防风固沙事业。北方工业大学伦敦布鲁内尔学院绿沙实践团成员，在指导老师刘明阳的带领下前往内蒙古库布其沙漠，开展大学生暑期社会实践活动。了解当地基本情况和植树治沙的基本措施，并亲身参与治沙过程，将希望之树种植在沙漠中，共同守护已经形成的护沙林，立志维护这片绿色，为人类生态文明的可持续发展做出贡献。

中国网 china.com.cn

与绿沙实践团一起，探寻库布其沙漠中的绿洲！

前言

绿水青山就是金山银山。中国是受荒漠化和沙化危害最严重的国家之一，而中国政府一直高度重视荒漠化治理工作。特别是党的十八大以来，生态文明建设被提升至前所未有的高度。

8月26日至8月27日，为了贯彻生态文明思想和我国新形势下生态文明建设与可持续发展战略，响应号召助力祖国的防风固沙事业。北方工业大学伦敦布鲁内尔学院绿沙实践团成员，在指导老师刘明阳的带领下前往内蒙古库布其沙漠，开展大学生暑期社会实践活动。了解当地基本情况和植树治沙的基本措施，并亲身参与治沙过程，将希望之树种植在沙漠中，共同守护已经形成的护沙林，立志维护这片绿色，为人类生态文明的可持续发展做出贡献。

china.com 中华网 www.china.com

与绿沙实践团一起，探寻库布其沙漠中的绿洲！

2023-09-05 10:31:26

前言

绿水青山就是金山银山。中国是受荒漠化和沙化危害最严重的国家之一。党的十八大以来，生态文明建设被提升至前所未有的高度。

8月26日至8月27日，北方工业大学伦敦布鲁内尔学院绿沙实践团成员，在指导老师刘明阳的带领下前往内蒙古库布其沙漠，开展大学生暑期社会实践活动。了解当地基本情况和植树治沙的基本措施，并亲身参与治沙过程，将希望之树种植在沙漠中、共同守护已经形成的护沙林，立志维护这片绿色，为人类生态文明的可持续发展做出贡献。

图 7　多家国家级媒体宣传报道

此次治沙,绿沙实践团深刻认识到植树治沙的重要性以及每个人在环境保护中的责任。植树治沙的工作充满了挑战,但一代代护林治沙守护者的坚韧与执着和一草一木生命的顽强,在这片看似荒凉的土地上淋漓尽致地绽放,不断激发着我们守护绿色与创造奇迹的决心。

通过参与治沙行动,我们从可持续发展的倡导者转变为参与者,为人类的生态文明进步不懈努力着。我们完善了未来林的生态效果,也埋下了坚持环保与治沙的信念。我们将继续为植树治沙事业贡献自己的力量,将这份信念与责任传递给更多的人,在护林育沙的征程中不忘初心。

四、未来与展望

结合计算机视觉的应用:YOLO(You Only Look Once)是一种流行的对象检测和图像分割模型,YOLOv8现阶段开源的最新版本,目前支持图像分类、物体检测等任务。实践团在未来的实践中也希望把计算机视觉应用到沙漠,从而更好地检测沙漠未来林的建设。

公众环境教育与意识提升:通过多种形式,增强生态保护工作的宣传,提高公众对沙漠环境保护重要性的认识。组织生态环境保护相关的活动,增强公众生态环境保护意识,促进公众参与沙漠保护项目,将生态保护项目持续推动下去。

项目可持续发展的推动:沙漠地区的可持续发展是长期目标。下一步可以制定并落实可持续发展战略,从而平衡社会、经济和环境的发展。这包括推动绿色经济、可再生能源的发展等。

水资源保护的宣传:水资源是沙漠地区发展和生存的关键因素。下一步可以致力于开展水资源保护的宣传工作,呼吁大众重视对水资源的保护,为绿色沙漠贡献出一份自己的力量。

五、结论

在当今世界,环境生态问题日益突出,而沙漠化作为其中一个重要的挑战,受到了全球的广泛关注。沙漠化不仅对人类社会造成了极大的影响,也对生物多样性和生态平衡产生了严重的威胁。面对生态环境的现状,绿沙实践团利用暑期实践,参与到沙漠的生态保护工作。通过本次实践,实践团成员不但丰富了自身沙漠生态环境保护的相关知识,而且通过实地考察了解了真实的沙漠未来林建设。在实践过程中绿沙实践团还通过公众号制作等宣传方式,把自身所学分享出去,号召大家一同关注生态环境问题,共同守护绿色。当然,实践团也希望在未来进一步参与生态环境保护工作,更好地把自身所学运用到生态环境保护当中。为沙漠增添一份绿色,为世界增添一抹绿色。

(伦敦布鲁内尔学院绿沙社会实践团
团队成员:杨皓然 曾令旸 李蕙伊 曹嘉睿
陈嘉赟 宋鑫 徐心怡 谷文清 唐可)

村庄靓丽　白墙黛瓦

——在乡村振兴实践中淬炼青春

"民族要复兴,乡村必振兴。"我校积极响应国家号召,与密云区捧河岩村村委对接实践项目,希望为捧河岩村乡村振兴献上我们的绵薄之力。建设靓丽捧河岩村,在给村子改善生活环境的同时,能最大化地促进旅游业的发展,希望通过我们的设计让更多人喜欢上这个美丽的乡村,吸引更多的游客了解这个山清水秀的宝藏景点,激起更多游客对捧河岩村的兴趣,打响村子的名号。

建设靓丽河岩实践团由3个小组组成:一组负责整理资料,小组成员由赵泽宇、谢诺曼、刘峻玮、李梓豪组成;二组负责设计绘图,小组成员由颜浩、段方凝、邢研、李心烨、单恩稷组成;三组负责宣传拍照,小组成员由欧阳允昱、孙宇廷组成,指导老师为李旭,组长单恩稷。建设靓丽河岩实践团和电控实践小队共同对接捧河岩村,为其乡村发展添砖加瓦。建设靓丽河岩实践团主要负责的项目有:文化墙设计项目(设计主题鲜明、丰富有趣的文化墙,展现捧河岩村的人文底蕴、风景魅力)、红色文化设计项目(以抗日英雄白乙化为主题,设计红色文化标志,捧河岩党支部在1941年成立)、旅游形象设计项目(打造旅游品牌,构成沟域经济,设计捧河岩村的旅游logo)。

了解是实践的第一步,实践团走进捧河岩村进行了实地考察。密云区石城镇捧河岩村坐落于密云区石城镇西北部,距密云区35千米,距镇中心约10千米,沿琉辛路可到达。村域面积占地11 320亩,森林覆盖率达90%。乡风文明,民风朴实,村内以旅游业为主导。在旅游发展方面,捧河岩村有着得天独厚的自然优势,而这一优势是捧河岩村发展经济、增加农民收入的一项重要途径。乡村文化振兴是乡村振兴之魂,村内的河水蜿蜒流淌,在这里,不仅仅有久远年代形成的极特殊地貌,更重要的是,这里还曾是抗日革命根据地。著名抗战英雄——白乙化,就曾在此指挥过战斗,捧河岩村党支部,也早在1941年的抗战烽火中就成立了。在这里,伴随着潺潺流水声音,站在革命英雄曾战斗过的地方,让人更加珍惜现在的美好。我们实地考察了文化墙墙面的形态,测量了其精确数据。同时,我们与当地村委进行有效对接,切实了解对方诉求。

图 1　实地考察实践

图 2　与村主任探讨

针对文化墙项目设计的 1 号墙面,设计员颜浩同学设计出 2 种方案。方案 1:“以己之微光,耀国之远方”:致敬人民英雄,设计作品主色调以红色为基础颜色,突出视觉效果,红色是党的颜色,将有着万里长征的红军故事象征着民族自强不息的精神,风雨沧桑百年路,高歌奋进新征程,以中心主题红光象征着我们所追寻的光,是五角星的光,革命薪火代代传承!方案 2:“用艺术点亮方夏”:设计作品以鲜艳色彩所构成,以自然风景、乡村生活和民俗文化为主题,勾勒出乡村的独特韵味和历史记忆,作品通过艺术的表达,展现乡村的美丽和活力。

图 3　1 号墙面方案 1 效果图

图 4　1 号墙面方案 2 效果图

针对文化墙项目设计的 2 号墙面,设计员李心烨给出 2 种方案。方案 1:以矮墙上方种植的树为灵感,以树根为墙绘主体,使墙绘与当地自然环境融合,结合捧河岩村的红色革命历史背景,加入五星、军号、红绸、红军帽的元素,展现捧河岩村红色历史背景之深远。方案 2:以大手举起军号,风吹起飘扬红绸,连绵不绝,红绸旁有党徽围绕,旨在展现深刻铭记红色历史,坚持中国共产党领导。

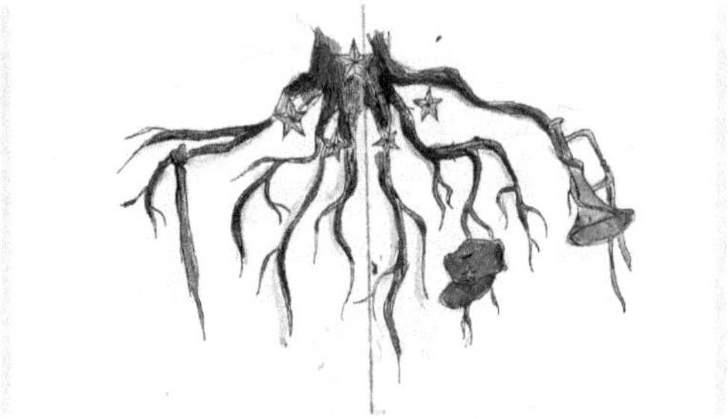

图 5　2 号墙面方案 1 效果图

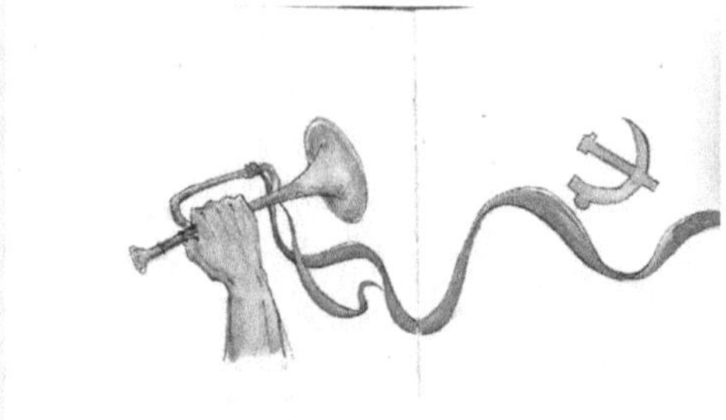

图 6　2 号墙方案 2 效果图

针对文化墙项目设计的 3 号墙面，设计员邢研给出方案：将墙面进行修整开凿，内置 LED 灯连接线路形成外置展品架，使用木质材料与墙上房屋颜色和谐统一，在户外使用室内设计的风格形成高级感，同时展品架上可以摆放各类红色书籍、白乙化故事、当地旅游地图等具有当地红色文化以及地质特点的内容，有各类活动也可以灵活更换展品。

红色文化设计项目和旅游形象设计项目由单恩稷和段方凝完成。我们设计了以白乙化烈士为形象的人物，后续可以将其作为旅游形象文化宣传，打印在布袋、杯子等生活用品上，也可以作为捧河岩村的标志，为当地旅游业做二次宣传。同时设计了旅游形象 logo，该 logo 主要用于墙面设计第一面，例如白墙设计，清晰明了，展现村落特色，也可用于旅游方面推广的封面，介绍捧河岩村特色，同时可以应用于石头墙的中间，使游客第一眼便知捧河岩村特色。

图 7　白乙化形象设计图

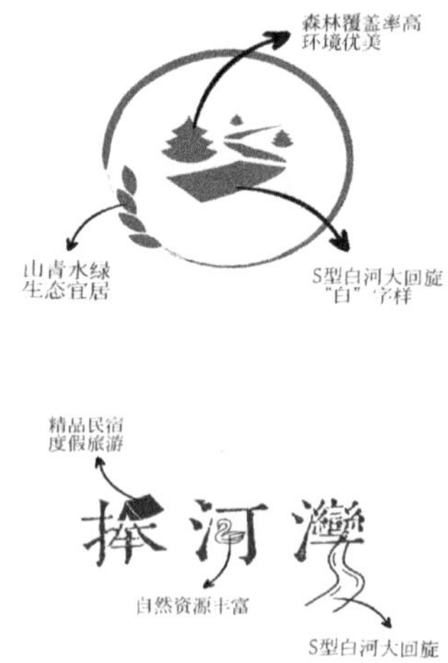

图 8　logo 设计图

我们和捧河岩村村委进行多次讨论后，方案很有幸被初步采纳，期待后续的具体落地。下一步工作就是具体实干，讨论文化墙的具体实现方法和文化设计的具体应用。

通过建设靓丽捧河岩社会实践，我们深刻体会到社会实践对乡村振兴的重要性。在实践活动中，我们目睹了乡村地区存在的一系列问题，同时也看到了许多改进和发展的机会。

我们也通过这次的实践获得了许多感悟。社会实践帮助我们认识到农村地区存在的种种发展难题，如基础设施不完善、人口流失、农业产业困境等。这些问题严重制约了乡村的发展潜力。然而，通过与当地农民和村民的交流，我们感受到他们对于乡村振兴的迫切期待和渴望。这让我们深受触动，认识到我们每个人都有责任为乡村振兴尽自己的一份力量，能为美丽乡村的建设贡献自己的一份力量，我们为此感到十分自豪。

（机械与材料工程学院捧河岩村实践团
团队成员：赵泽宇 谢诺曼 刘峻玮 李梓豪 颜浩
段方凝 邢研 李心烨 单恩稷 欧阳允昱 孙宇廷）

传红色基因　促校地共建

党的二十大报告指出，“弘扬以伟大建党精神为源头的中国共产党人精神谱系，用好红色资源，深入开展社会主义核心价值观宣传教育，深化爱国主义、集体主义、社会主义教育，着力培养担当民族复兴大任的时代新人。”暑期，“京川相映”实践团赴四川省开展实践活动，深入挖掘当地红色资源的精神内涵，通过参观红色教育基地、红色主题宣讲及访谈等形式，多维度、多渠道呈现红色文化，引导我校广大学子在感悟红色事迹中传承红色基因，在领悟革命精神中坚定时代担当。

踏寻革命足迹，厚植爱国情怀

南充是川陕革命根据地的重要组成部分，有着光荣的革命传统，实践团先后前往南充烈士陵园等地参观交流，开展共建活动，在回顾党团结带领人民进行革命、建设、改革的伟大征程中，传承革命先辈们经千难而坚贞不屈，历万险而矢志不渝的崇高品质。实践团同时开展党的二十大精神宣讲活动，用青年视角阐释党的创新理论，以青春之声传递信仰力量。

图 1　实践团在南充烈士陵

图 2　实践团成员书写缅怀卡

图 3　实践团参观革命烈士事迹陈列馆

图 4　实践团同烈士陵园工作人员交流座谈

走进掩映在苍松翠柏之中的烈士陵园，镌刻着“革命烈士永垂不朽”的纪念碑巍峨矗立。缅怀仪式在雄壮的国歌声中开始，全体人员面对纪念碑肃立默哀并三鞠躬，随后在庄重的《献花曲》中敬献鲜花，以表达对先烈的无限哀思与崇敬之情。在革命烈士事迹陈列馆，通过一段段革命故事、一幅幅历史图片和一件件烈士遗物，成员们回顾了烈士们的光荣事迹。实践团认为，“革命先烈坚定的信念和不屈的精神永远是最宝贵的精神财富和不竭的动力，我们应从中萃取思想养分，把个人理想追求融入党和国家事业之中，以青春热血告慰烈士英魂。”

在张澜纪念馆，实践团参观了《张澜生平事迹展》，展厅以张澜先生的人生轨迹为主线，全方位展现张老“梦耽天下、民主求索”的光辉一生。被称为“川北圣人”的张澜先生为争取民族独立、人民解放和实现国家富强、人民幸福献出了毕生精力，为坚持和发展中国共产党领导的统一战线和多党合作事业作出了不朽贡献，他胸怀祖国、情系人民的高尚情怀，光明磊落、清正廉洁的道德风范，衷心拥护和坚持中国共产党领导、风雨同舟的坚定政治信念，永远值得青年一代铭记。

图 5　实践团在张澜纪念馆参观学习

细雨绵绵、哀思殷殷，在罗瑞卿纪念馆，全体人员面向罗瑞卿半身铜像默哀并三鞠躬。随后，全体党员面向党旗，重温入党誓词。馆长雷军表示，“罗瑞卿纪念馆一直积极与各地高校达成共建合作关系，希望将思政课的理论教育、精神塑造和价值引领同老一辈无产阶级革命家们高贵的品质相融合。”最后，学生代表向与会人员分享实践感想，并参观罗瑞卿故居与生平事迹陈列室，回顾罗瑞卿大将的戎马生涯和辉煌业绩。

图6　实践团在罗瑞卿纪念馆开展实践活动

图7　成员们在罗瑞卿纪念馆重温入党誓词

在广安市，实践团满怀崇敬之心走进邓小平故里，探寻红色初心。成员们瞻仰邓小平铜像，参观邓小平故居陈列馆、缅怀馆和邓小平故居，学习了邓小平同志走出广安，走上革命道路、领导革命战争到对改革开放艰辛探索等各个阶段的历史，缅怀了他为我国革命、建设、改革做出的卓越贡献，回顾了他“三起三落”的辉煌历程和邓小平理论的不朽丰碑。

图8　实践团参观邓小平故居陈列馆

深化校地合作，坚持立德树人

在南充烈士陵园，马克思主义学院团委书记闻亮与陵园服务中心主任唐洪义等共同为学校“思想政治教育基地、社会实践基地”揭牌；在罗瑞卿纪念馆，闻亮代表学院向纪念馆授牌，共建双基地。基地共建目的在于将红色资源与为党育人、为国育才更好地结合起来，不断弘扬革命精神，教育引导青年在传承红色基因中坚定报国信念、在赓续红色血脉中汲取奋进力量。共建双方均表示将以此为契机，持续加强交流合作，以基地共建引领共同发展，在未来也将不断探索思政课堂与研学活动融合的合作新形式，为红色文化传承高质量发展凝聚新力量。

图 9　在南充烈士陵园举行揭牌仪式

图 10　向罗瑞卿纪念馆授牌

在西华师范大学马克思主义学院，双方就学院建设、党建工作、基层团组织建设、团学骨干队伍建设以及专业课程、社会实践、就业升学等方面开展深入交流。调研交流活动是两校学院的一次良性互动，更是双方学习互鉴的良好契机，为进一步加强双方学科建设、队伍培养等工作提供了经验借鉴。

图 11　实践团在西华师范大学

汲取精神力量，践行使命担当

本次活动受到校内外各级新闻媒体广泛关注，新华网、央视网和央广网等多家重点中央新闻网站做了宣传报道,截至目前,新华网报道总浏览量已超 100 万次;南充市广播电视台、南充日报社、今日顺庆等多家当地新闻媒体和南充市退役军人事务局、张澜纪念馆、罗瑞卿纪念馆、西华师范大学马克思主义学院等公众号也进行了宣传报道,同时多次被今日头条、搜狐网等网络媒体转载。此外,校团委及学院公众号也多次进行推送。

革命博物馆、纪念馆、党史馆、烈士陵园等是党和国家红色基因库,这些地方镌刻着历史的记忆,蕴含着伟大的精神,流淌着鲜活的红色血脉,每一处红色印记犹如一本生动的教科书,是青年人学习历史、领悟精神,投身强国伟业的最好教材。实践团将通过此次实践活动,充分挖掘红色资源中的思政元素,用红色资源不断丰富“大思政课”内容、方式和载体,切实推动“大思政课”入脑入心,让思政小课堂与社会大课堂有效结合,引导青年在实践中坚定红色理想,传承红色基因,争做担当民族复兴大任的时代新人。

(马克思主义学院京川相映实践团
团队成员:窦蕾 韩冬雪 赵洲强 张震)

科技赋能
——在乡村振兴及双碳减排政策背景下的高压静电场一体化助农系统设计与应用

一、活动目的及意义

国家一直在积极推动科技在农业领域的应用,以提高农业生产效率,助力粮食安全和农村发展。在农业工作布局上,重点推进“三个协同”。未来农业基础设施、农业科技和装备、现代化产业是重点投资领域,提高财产性收入是农民增收致富的重要抓手,而强调多元化投入也为乡村振兴提供了资金保障。当前乡村振兴的进程正在不断推进,加快由传统生产方式向绿色生产方式转变是各地推进农业升级产能优化的主要方向。国家正在大力推进生态、绿色、有机农业发展,推广绿色防控等技术模式,推动农业生产资源利用节约化、生产过程清洁化、废弃物处理资源化、产业链条循环化,走产出高效、产品安全、资源节约、环境友好的现代农业发展之路。

二、实践过程介绍

(一)实验室设备制作阶段

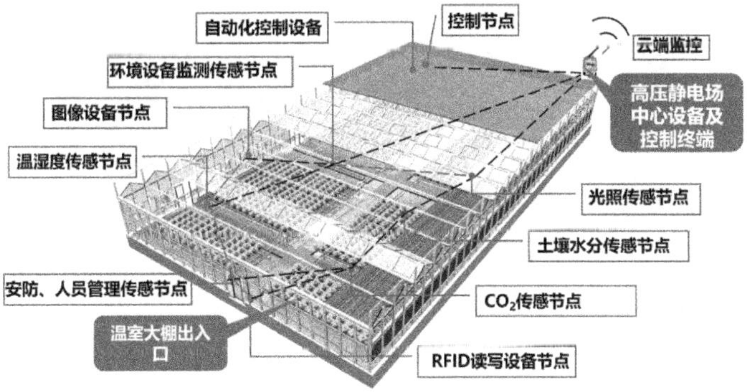

图1　智慧农业系统构想模型

应用智能农业设备改变了中国传统的劳作模式,将农民从繁重的体力劳动中解放出来,同时也能解决当下农业人口锐减的问题。农业生产者也可以利用富余时间从事其他经营活动,从而增加劳动收入。智能农业设备的应用,可以让农业生产高效、优质进行,从而提高农业生产水平,解决之前存在的诸多产品质量、资源浪费、环境污染等问题。基于此概念,实践团成员在实验室内设计制作了一套基于高压静电场理论的一体化助农装置。

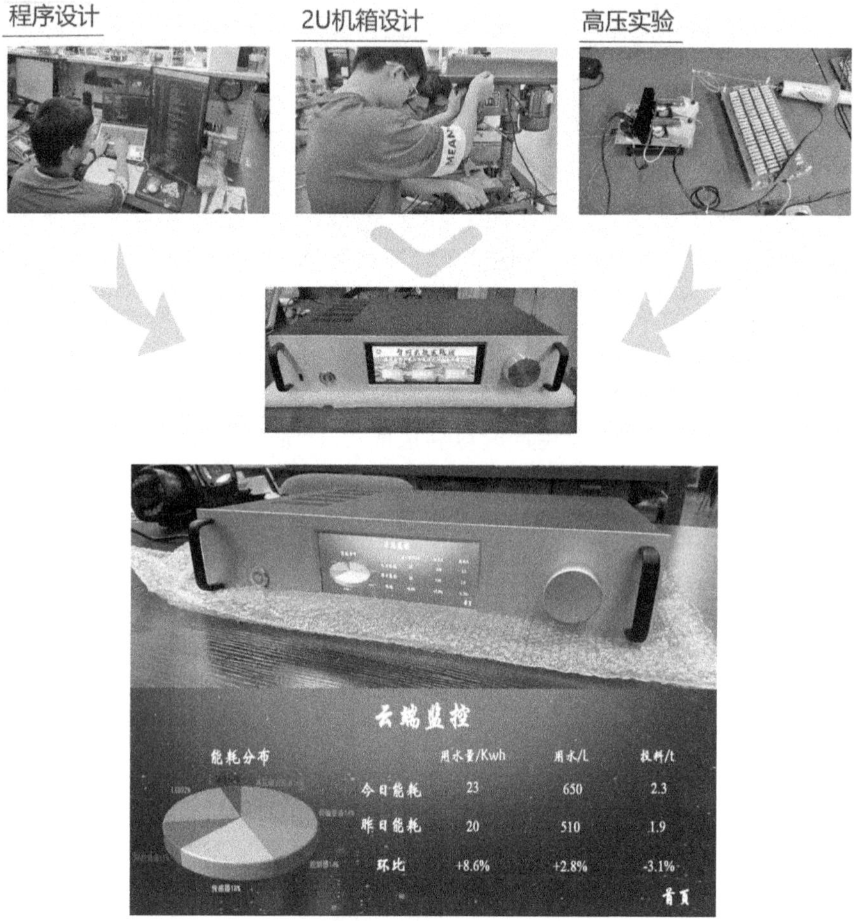

图 2　实验室设计阶段过程剪影及成品图

(二)实地考察阶段

北京静杰种植中心成立于 2008 年 4 月 3 日,采用新型智慧农业种植方式,打造出一座集研发、种植、销售为一体的智慧化现代农场。本次实践团前往北京静杰种植中心进行实地的考察探访活动，为后续发展提供了现实依据，也极大增强了实践团成员的信心，充满活力地进行后续的工作。

图3　实践团部分成员在北京静杰种植中心合影

盛夏繁忙，团队成员前往广西桂林的稻田里，聆听着当地农民伯伯诉说土地的故事，背后是环绕的群山，脚下是碧绿的农田。

岁丰年稔，又是一年丰收，北京市顺义区的玉米田中也留下了“智网云联”实践团的脚印，洒下了实践团成员的汗水。

耕耘树艺，农业人的不断付出与奉献才有了我们的丰衣足食，谨记一粥一饭当思来之不易；半丝半缕，恒念物力维艰。

图4　队员分别开展实地调研

暑期实践过程当中，还有部分成员开展了其他调研活动，他们或返回自己的家乡，或到我国智慧农业发展较为迟滞的地区进行实地考察，为实践团的下一步工作做出了积极贡献。

三、实践成果介绍

项目已经着手申请外观专利 1 项、实用新型专利 1 项,鼓励本专业同学积极参与学科融合,加快由传统生产方式向绿色生产方式转变。经过团队成员对所做工作的认真总结,当实践成果公布到北京市各大新闻网站时,便引起了广泛关注,仅一天时间便已经累计突破了 40 万+的阅读量,更是占据了北京观察网的头版头条。团队成员纷纷表示,这是对他们长期努力的认可,这也在一定程度上鼓励了他们在绿色科技化生产方面的进一步探索,团队将以更大的热情投入未来的工作中,继续为绿色农业进步贡献力量,为实现可持续发展目标而努力奋斗。

北京观察网主页 › 新闻 › 正文 ›

智慧农业，科技赋能——北方工业大学“智网云联”实践团，在路上

时间：2023-08-26 12:50:07 来源： 阅读：235084

智慧农业是农业中的智慧经济,智慧经济形态在农业中的具体表现。智慧农业是智慧经济重要的组成部分:对于发展中国家而言,智慧农业是智慧经济主要的组成部分,是发展中国家消除贫困、实现后发优势、经济发展后来居上、实现赶超战略的主要途径。

北方工业大学电控学院的一众学子,秉承着用科技赋能智慧农业的初心,在学院老师的指导下,利用暑假的空闲时间开展了一系列实践活动。团队成员分工明确,足迹辐射全国,在广西桂林、河南安阳等地均开展了实地考察。

智网云联实践团

推荐阅读

智慧农业，科技赋能——北方

金秋相聚石景山，2023服贸会

湖南四季国际怎么样？“湖南避暑旅游指数”告诉你

七夕节，对花哨又不实用的礼物Say No!

智能驾驶体验再进一城！北京城区智驾领航辅助现已开放

旭辉永升服务”宝贝加油跑第二季“完美收官：精彩绽放，畅享理想暑假！

欢乐剧中找，共度美好时光

中铁建工设计院召开2023年度质量管理体系评审会

大好河山集团董事长黄国林-打造旅游业新典范

中铁建工设计院开展夏送清凉系列活动

随便看看

鲜奶就喝鲜博士

鲜营养 随时享

智网云联实践团

图 5 实践团成果展示

四、总结与对未来的展望

暑假的时光既充实饱满又光阴似箭,在本次社会实践活动中,团队成员收获颇丰,在深入农田实地了解了真实的农田情况之后,实践团对智慧农业的开展与践行又有了新的认识。虽然本次暑期实践已经告一段落,但是本次实践对智慧农业的考察与研究已经在团队成员心中留下了深刻的记忆;同时,本次实践团的经历也鼓励着工大学子继续在向着我国的智慧农业建设事业前进的道路上贡献出力量。

图 6　智网云联实践团海报

（电气与控制学院智网云联实践团

团队成员：高登昌　张作豪　梁兴禄　包光超　尹博远

邹瑀锡　罗梓翔　王思祺　朱昊翔　张贺程　王硕）

行走的思政课　社会的大课堂

2023年是全面贯彻落实党的二十大精神的开局之年，为推进学习贯彻习近平新时代中国特色社会主义思想主题教育扎实有效开展，深刻学习领会习近平新时代中国特色社会主义思想的发展历程、理论内涵和重大意义，学校组建“缘起福地，筑梦典范”——寻访习近平总书记福建足迹师生实践团前往福建，在习近平新时代中国特色社会主义思想的重要孕育地和先行实践地，以学习贯彻党的二十大精神为背景，以“实践育人”为目标，以加强理论深度为实践方向，上了一堂充满实践力度、情感温度的“大思政课”。

一、实地参观调研，感悟真理力量

习近平总书记在福建工作17年半，亲自领导了福建的改革开放和现代化建设，为福建的改革开放和经济社会发展作出了历史性贡献。8月7—13日，实践团师生来到福州市、宁德市、厦门市，沿着总书记的足迹，重温多年来福建的高速发展，感悟真理的伟大力量。

在福州市，实践团深入历史古厝“三坊七巷”，了解闽都文化历史，学习“三坊七巷”修缮及保护工作，重温习近平总书记在福建任职期间对“三坊七巷”这片城市文脉的守护情缘，看到古厝在“向后发展和向前探索”的修缮和保护中相生，深刻领悟到总书记提出的“文化自信”对城市、国家及民族的重要性。

图1　实践团成员参观福州软件园

在福州软件园“数字中国·实践起点”展示厅，实践团成员聆听了习近平总书记关心福州软件园发展、指导“数字福建”建设的故事，感受习近平总书记关于数字中国建设重要思想在福州的孕育与实践。

走访当地高新科技企业，同科技人员深度交流，学习行业发展前沿知识，感受企业家们在助力国家科技自立自强、解决“卡脖子”难题上的责任与担当。

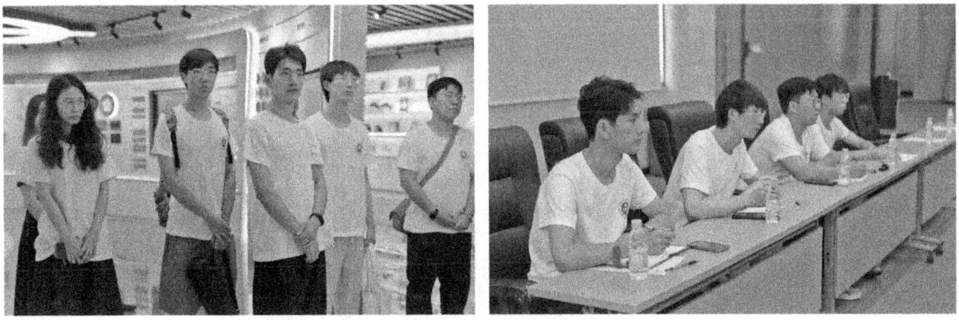

图 2　实践团成员认真参观学习

在宁德市寿宁县下党乡，实践团参观“难忘下党”主题纪念馆、鸾峰桥，重走连心路，学习习近平总书记“三进下党”的为民情怀，体验“异常艰难、异常难忘”的基层之行，见证小镇从寿宁的“西伯利亚”到远近闻名“红色旅游新地标”的蜕变。

图 3　实践团成员参观“难忘下党”主题馆

图 4　实践团成员重走党群连心路、鸾峰桥

二、拓展思想维度，师生共同进步

为进一步推进学校思想政治工作守正创新，探索创新基层党建工作，建立学习交流长效机制，实践团同福建师范大学马克思主义学院、福州市鼓楼区军门社区开展联学共建活动。京闽两地高校师生沿着习近平总书记足迹开展实践研学，互学互鉴，在循迹溯源中真正将理论学习内化于心、外践于行。

在福建师范大学，实践团走进“新时代大学生社会大课堂实践中心”，学习该校把思政小课堂同社会大课堂结合起来，推动大学生思想政治教育高质量发展的生动实践。之后，福建师范大学“习思闽源山海学梓宣讲团”学生代表同我校“纽扣课堂”宣讲团学生代表开展“理论面对面”宣讲交流，交流宣讲经验技巧、体会收获，思考如何打通理论宣讲的“最后一公里”，让宣讲“热”在基层、“火”在师生。

图 5　实践团成员同福建师范大学师生交流

为进一步挖掘收集宣讲素材，提升理论宣讲的生动性、故事性和趣味性，师生实践团前往“全国先进基层党组织”等百项荣誉的获得单位——福建省福州市鼓楼区军门社区参观学习，聆听“七一勋章”获得者、军门社区党委书记林丹介绍军门社区以党建为引领社区治理新模式，让居民群众更方便、更平安、更幸福的实践做法，引导青年学生坚定了为人民服务的信念和为建设更美好社会贡献力量的信心。

图 6　实践团成员聆听军门社区党委书记林丹介绍军门社区党建情况

三、组织理论宣讲，传播红色基因

习近平总书记强调："大思政课"我们要善用之，一定要跟现实结合起来。实践团将本次社会实践中积累的大量的生动事例和鲜活素材，有机地融入学习贯彻习近平新时代中国特色社会主义思想的校内外宣讲。

实践团以"砥砺前行，共筑新功"为主题，开展特色宣讲活动。宣讲团依托"纽扣课堂"宣讲平台，走入班级、深入宿舍，走出校门、进入社区，分别开展了"深入宿舍·传播思想火种""校地共建·送思想进社区"主题宣讲活动，累计 200 余次。让思政教育"动"起来，"活"起来，让学习成为一种常态。

图 7 "纽扣课堂"宣讲团成员，深入宿舍宣讲实践成果

实践团成员发挥专业优势，打造"北方工业大学社会实践活动平台"，将习近平新时代中国特色社会主义思想递送民心、融入生活。

通过本次实践活动，实践团成员与时代亲历者们深入交流，学习体会习近平总书记的领袖魅力和人民情怀，对新思想萌发孕育的发展过程有了更深刻的理解，切身感受到了蕴含其中的超越时空的真理性和价值性。在社会的大课堂中，不仅要做思政教育的受教者，也应做思政教育的传播者，不断学习打磨思想意识，以北方工业大学的新探索、新实践、新奋斗推动党的创新理论"飞入寻常百姓家"。

（信息学院"缘起福地，筑梦典范"暑期社会实践团
团队成员：王铮 柯姝言 孙滔 鲍瑞洋 彭鑫 高健桐 罗其榕 董心蕊 安赛 张穆涵 陈彬彬 李丹 胡秋迪 张家豪 阿卜杜萨拉木 李峰旭）

青春聚力正当时　深入乡村探振兴

为响应党的二十大号召，北方工业大学乡印实践团聚焦乡村振兴历史性成就，深入探索过去五年中党和国家取得的历史性变革，赴四川省达州市万源市开展暑期实践活动，体验乡村生活，感悟乡村发展，助力乡村振兴。

一、体悟红色文化，传承革命精神

万源是一块英雄的土地，这里洒满了革命先烈的鲜血，留下了大量红色遗迹。

实践团到达万源保卫战战史陈列馆进行参观学习，这里展示了万源地区在第二次国内革命战争时期的斗争历程。知所从来，方明所去，这里是万源的红色基因库，红色革命的历史精神是如今蓬勃发展的营养剂，它赋予无数万源人开拓前进的勇气和力量。习近平总书记曾经说过“一个有希望的民族不能没有英雄，一个有前途的国家不能没有先锋。”作为新时代的大学生，我们要深入学习党的百年奋斗重要精神，传承爱党爱国精神，为建设祖国大业贡献青春力量！

图 1　万源保卫战战史陈列馆记录

图 2　实践团参观战史陈列馆

二、深入大伦坎村调研，感受山村新风貌

万源是一块奋斗的土地，这里流淌着奋斗者辛勤的汗水，留下了先行者的足迹。

大伦坎村距离市区 50 千米,最后 20 千米尽是盘山公路,道路崎岖陡峭。“想致富,先修路”这句话深深地烙在每一个大山人的心里,从祖辈一锄头一锄头挖出来的泥泞小路,到现如今的硬化公路,修好的每一米路都是山中人走出大山发展经济的希望,正是在这种希望的支撑和不懈的努力下,大伦坎村得以从原来的国家级贫困县成功脱贫,并在 2021 年被评为“和美乡村”。

实践团成员来到夏泽波成立的万源市合力家庭农场进行参观调研。夏泽波是回乡创业的致富带头人,于 2017 年创办的农场。夏叔叔说:“要想经济发展,就要思想进步。得抓住机会和方向,不断学习,不断探索,要与现代化接轨。”夏叔叔在 2018 年加入了电商平台,成立了自己的直播间与短视频平台,在 832 等平台上销售农产品,主要售卖的有黑鸡系列产品、富硒干货,在近几年取得了较好的收益。在这山清水秀的养殖场中,队员们深切地体会到了勇于创新与踏实肯干结合的强大力量。

图 3　实践团参观夏叔叔农场

三、走入黑鸡养殖场,请教脱贫致富之路

万源是一块希望的土地,这里蕴藏着发展的机遇,前行者从不畏惧困难。

周照轩曾是万源第一批女公交车司机,十年前抓住机会回乡发展黑鸡养殖业,成了创业致富带头人。随着定点帮扶工作的深入,周照轩和村干部共同在当地构建了“合作社+标准示范场+养殖大户+散养农户”共同发展的模式。这种模式不仅扩大了黑鸡养殖的规模,而且带动了其他村民的养殖积极性。随后她又依托各种新媒体平台宣传,让更多人了解黑鸡、品尝黑鸡,同时为了适应年轻人的口味,将黑鸡的产业链延长,制作了罐装便携的黑鸡汤、手撕黑鸡肉等加工食品。

图4 正在育雏的小黑鸡

图5 成年黑鸡

四、了解茶垭经济发展模式，感受农村新气象

万源市一片幸福的土地，在这里工作的人们都热爱着它，为了更好的明天不断奋斗！

李家沟村是工商银行的定点帮扶村，经过历届驻村书记和村民的共同努力，如今的茶垭社区是万源市内经济发展最好的村子。实践团向驻村的彭书记请教村子的发展道路，书记介绍工商银行积极贯彻落实党中央、国务院决策部署，以“乡村振兴金融服务深耕年”为主题，大力推进乡村振兴金融服务高质量发展。在该村他们多措并举，调动村民积极性，壮大集体经济，从养殖肉牛入手，发展养蜂业，试点种植天麻，启动仪表加工等产业增加村民收入，切实改善农民生活。

图6 实践团采访驻村书记

五、积极建言献策，助力乡村振兴

在多方面了解视频创作和运营模式后，实践团为家庭农场和电商中心提出了一些建议，例如将产品包装进行升级、用气泡膜或气囊进行包裹、完善视频开头黄金 3 秒等建议，并得到较好的认可。

图 7　实践团在电商中心门口合照

在媒体报道方面，我们获得 15 家媒体平台的报道，包括人民网、央视网、人民融媒体等主流平台。在自媒体平台抖音、B 站、小红书中投放纪录片，在 b 站中有幸获得 8000 + 的播放量。

在日后实践团会持续和当地村民保持联系，帮助推广万源农产品，提供宣发帮助。

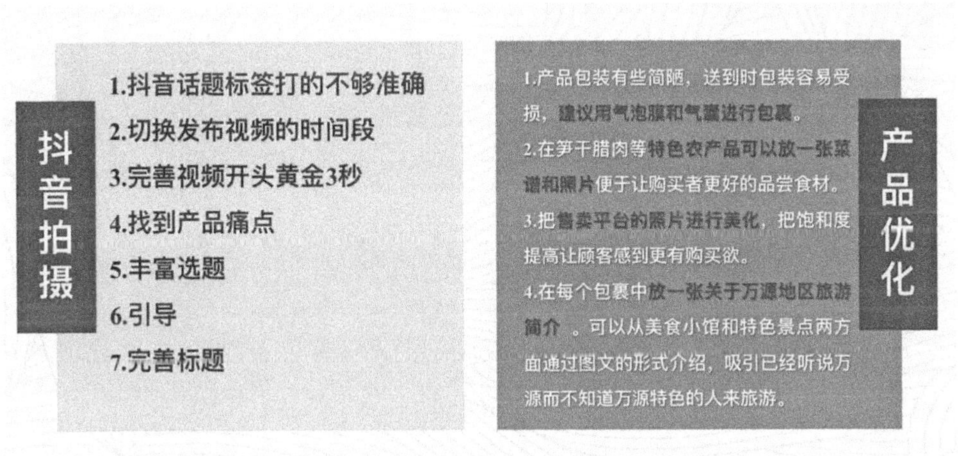

图 8　实践团成员帮助推广万源农产品

六、深入乡土中国，体悟乡村振兴

一条条宽阔的道路，一个个技术成熟的养殖场，离不开党的政策指引和政府政策资金的援助，更离不开村干部和村民的合力努力。乡村振兴是全面建设社会主义现代化国家的一项重大历史任务，希望未来我们有机会从学习者变为践行者、推动者、奋斗者，利用专业所学多询问、多了解、多宣传，让更多的人了解“三农”问题，建设发展新农村，为实现共同富裕贡献力量！

图9　实践团与夏叔叔农场工作人员合影

（经管学院乡印实践团

团队成员：张一凡　黄羽彤　陈慧　韩金格）

赓续红色血脉　传承红岩精神

一、红色血脉引领实践思想

红色精神，是中国共产党领导中国人民在革命、建设、改革各个时期所形成的伟大革命精神。习近平总书记在重庆调研时指出，“重庆是一块英雄的土地，有着光荣的革命传统”。为深入学习习近平新时代中国特色社会主义思想，贯彻落实党的二十大精神，北方工业大学校团委大学生艺术团“艺”心向党实践团前往红岩精神的发源地——重庆，深入挖掘革命先烈背后的英雄事迹，感悟这片土地所蕴含的伟大的红岩精神，从群众中来、到群众中去，以艺术的形式将其展现给广大人民群众，让更多的当代青年树立为祖国为人民永久奋斗、赤诚奉献的坚定理想，让红色血脉得以代代赓续，红岩精神得以薪火相承。

二、革命事迹照耀实践历程

“艺”心向党实践团在重庆先后参观了各大革命遗址、纪念馆，观摩了红色舞台剧，收获了一次丰富而充实的实践体验。

抵达重庆之后，实践团进行的第一项实践活动就是祭拜歌乐山烈士陵园。实践团饱含敬畏之心，缅怀长眠于斯的300余位“11·27”烈士。默哀于烈士墓前，实践团敬献花圈，为革命先烈三鞠躬；全体成员集体重温入党誓词，依次向烈士献花并环绕烈士墓一周，以表达对革命先辈的哀思与敬仰。在烈士墓后墙上，铭刻着无数容貌永远定格的年轻而坚毅的面孔，他们之中有些借由文艺作品为大众所熟知；有些则没有留下姓名或照片，为共产主义事业默默无闻地奋斗，为新中国献出了自己宝贵的生命，最终在烈火中得到永生。之后，实践团参观了包括白公馆、渣滓洞，以及周公馆、桂园等著名红色遗址，也进入红岩革命纪念馆等博物馆及教育基地进行学习，还观摩了红色舞台剧《重庆1949》，收获满满。

图 1 祭拜歌乐山烈士陵园

图 2 参观桂园

图 3 参观红岩革命纪念馆

图 4 观摩红色舞台剧《重庆 1949》

三、红岩精神指导实践收获

红岩精神产生于风雨如磐的革命斗争岁月，代表老一辈无产阶级革命家、共产党人和革命志士的崇高思想境界。党的十八大以来，习近平总书记对红岩精神作出多次重要论述，深刻阐明了红岩精神具有光荣的革命传统、丰富的内涵特征和重大的现实意义，深刻揭示了红岩精神是中国共产党人的伟大精神，是中国共产党人精神谱系的重要组成部分。新时代进一步深化研究阐释和传承弘扬红岩精神，要以习近平新时代中国特色社会主义思想为指导，以习近平总书记关于红岩精神的重要论述为根本遵循。

绝大多数人认识红岩精神，都是通过著名红色革命小说《红岩》中以江姐、许云峰为代表的革命先烈的文学形象，而实践团本次在重庆的学习实践，正是通过实践检验认识、完善认识、深化认识。

四、文艺理论深化实践成果

习近平总书记在文艺座谈会上的讲话中提出："我国作家艺术家应该成为时代风气的先觉者、先行者、先倡者，通过更多有筋骨、有道德、有温度的文艺作品，书写和记录人民的伟大实践、时代的进步要求，彰显信仰之美、崇高之美，弘扬中国精神、凝聚中国力量，鼓舞全国各族人民朝气蓬勃迈向未来。"他强调："人民既是历史的创造者、也是历史的见证者，既是历史的'剧中人'、也是历史的'剧作者'。文艺要反映好人民心声，就要坚持为人民服务、为社会主义服务这个根本方向。这是党对文艺战线提出的一项基本要求，也是决定我国文艺事业前途命运的关键。只有牢固树立马克思主义文艺观，真正做到了以人民为中心，文艺才能发挥最大正能量。以人民为中心，就是要把满足人民精神文化需求作为文艺和文艺工作的出发点和落脚点，把人民作为文艺表现的主体，把人民作为文艺审美的鉴赏家和评判者，把为人民服务作为文艺工作者的天职。"

"艺"心向党实践团全体成员均来自校团委大学生艺术团，曾参与创作、表演过多种原创红色艺术作品。通过本次实践，实践团将以一台原创红色歌舞剧或舞台剧作为最终实践成果。目前，该剧正在紧张筹备中。

（校团委"艺"心向党实践团
团队成员：宋昕宇　付馨仪　李培格　李伯犀　蒋正阳　申安祁
李怀川　张株铠　王鑫辰　李熙喆　董巧燕　赵桐羽　刘嘉蕊）

以实践之力　追青春所愿

湖北省宜昌市枝江市仙女镇横店村，地处湖北省南部，夏季天气炎热，教学设施设备尚不完备。当地青壮年人口大量向外流动，留守儿童数量大。根据前期问卷统计，当地儿童的教育资源并不丰富，尤其是对英语学习的兴趣较低。2023 年 7 月，实践团赴湖北省宜昌市枝江市开展实地支教，实践团成员们作为英语专业大学生，旨在培养当地学生的英语学习兴趣，提高基础英语教育影响力。唯心所向，逐梦而行，以青春挥洒志愿的汗水，她们共筑希望的田野。

一、奔赴山海的相遇

实践团的成员们于 2023 年 7 月 4 日深入仙女镇开展支教实践活动。在这片燥热的土地上，记录着一次次不平凡的相遇，定格了一帧帧爱与希望的图景。

在实践初期，团队就做好了充足的准备，对任务进行详细的梳理，针对教学方式多次开展讨论，力求此次支教活动能对当地儿童的英语水平提高起到一定的帮助作用。

二、走近花，绽放花

为期 20 天的支教中，实践团成员们设计并开展四个系列的支教活动，让同学们能在与老师和同伴的互动中培养对于英语学科的学习兴趣。

在“悦动英语，英乐童行”系列教学中，同学们漫游在音乐的海洋，体会英语的乐趣。成员们采用大家耳熟能详的英文歌曲，加上学习演唱和参与游戏的教学方式，极大调动了孩子们的学习积极性，提高了口语能力。

在“巧手灵动，方知英韵”系列教学中，学生通过匹配颜色和英文字母、动物扮演等课堂互动内容，在动手创作的同时学会识别英文单词，帮助他们将英语真正用于实践。

在“影英相随，以影激趣”系列教学中，实践团组织当地学生观看英文动画，结合影视中出现的英文单词进行拓展讲解，进一步提高他们对英语的学习兴趣。

图 1　实践团成员与村镇留守儿童进行课堂英语教学互动

图 2　实践团成员带领学生通过肢体语言来表达英文字母

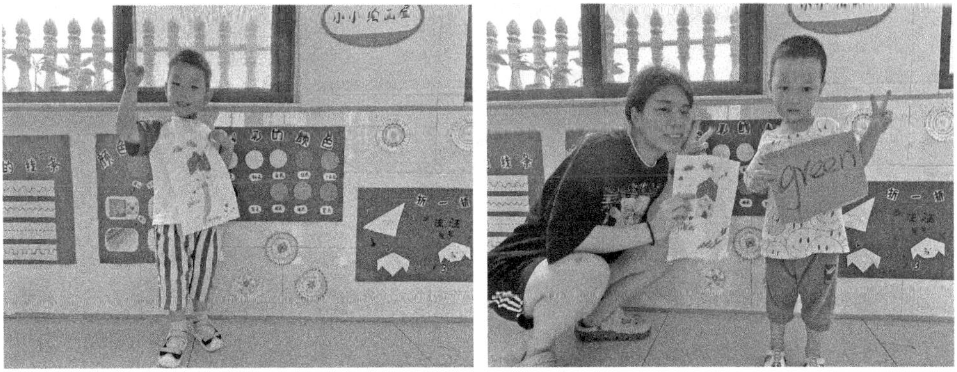

图 3　孩子们在对于色彩相关的英文单词进行学习和实践后,展示自己所绘图案

图 4 孩子们集体观看英文动画电影

在“以英绘卷，乐趣入心”系列教学中，实践团成员们在调研当地学生的英语水平后，不断调整教学进度和方式，并结合自身所学专业知识，自编充满童趣的英文歌谣绘本。绘本通过听歌学英语的方式，结合优美的页面设计，在阅读的同时配合有针对性的小练习，进一步巩固教学成果，让学生们真正对于英语这门学科产生浓厚的学习兴趣。

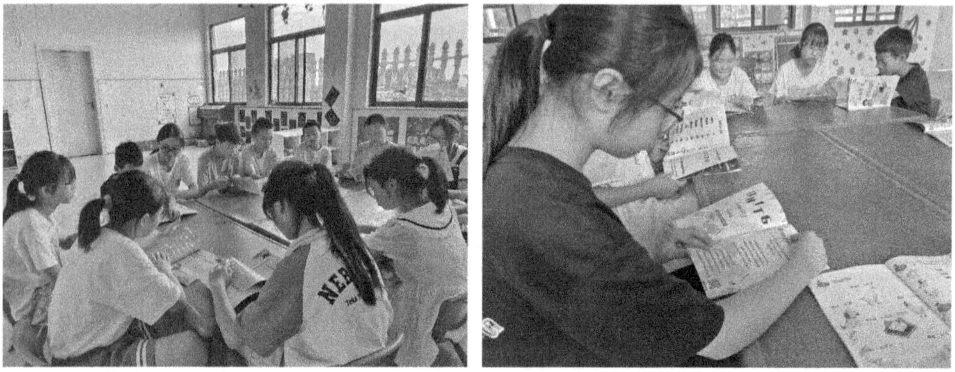

图 5 学生阅读绘本，实践团成员进行答疑

没有一朵花一开始就是花。成员们深知，每一朵花的绽放，必然要从种子开始，暑期支教就是一个播种的过程，他们等待深埋在小朋友们心里的种子生根发芽，有朝一日迎来绚烂的盛放。

三、你我春山花路再重逢

图 6 实践团成员与当地学生合影留念

为期 20 天的支教故事落下帷幕，实践团成员们和小朋友们在不舍的情绪下告别。这段旅程永远是双向的，珍藏这段宝贵回忆，纵使不舍，今年夏天在仙女镇的故事最终画上了句号。

8 月至今，实践团成员们通过设计中小学生英语学科学习兴趣调查研究问卷，对数据进行分析和整理，总结了当地中小学生在英语学科学习中存在的问题并提出相应的解决方案，并与当地学校负责人进行沟通，希望能够进一步帮助学生提高对于英语的学习兴趣。

此外，实践成员还积极将支教成果进行广泛宣传和实践成果转化，于 8 月 24 日在中华网生活首发成功刊登，进一步扩大影响力。

（文法学院希愿实践团

团队成员：马雨泽 包欣堺仪 王铭轩 蒋佳欣 周子为 张雨欣）

大思政课开在田间地头　机材青年助力乡村振兴

一、启程

党的二十大报告中提出:“全面建设社会主义现代化国家,最艰巨最繁重的任务仍然在农村。”为深入学习贯彻党的二十大精神,机械与材料工程学院学子投身于由教育部思想政治工作司、中共北京市委教育工作委员会、北京市教育委员会、中共北京市平谷区委员会、平谷区人民政府联合在平谷区开展的“走进平谷农业中关村　服务首都乡村振兴”“千人百村”大学生暑期社会实践活动中。

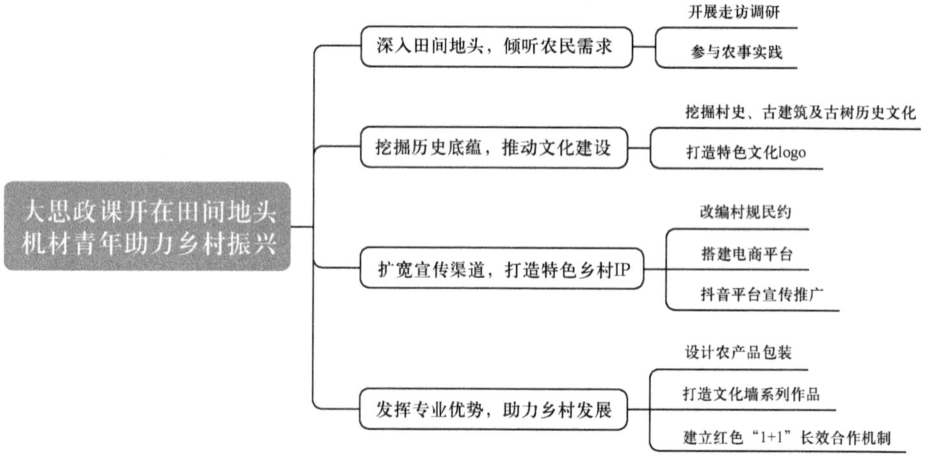

图 1　社会实践工作开展思路

二、深入田间地头,倾听农民需求

机材青年实践团成员积极开展走访调研工作,参与农事活动,在田间地头感受农务辛苦,倾听农民需求。通过问卷调研和实地考察,实践团对乐政务村人口情况、就医情况、网格服务、文化宣传等基本信息有了一定的了解。通过参与农事实践、与村民热情交流,实践团深切感受到了从事农业生产工作的不易以及当下农民面对新兴销售模式的不适应。通过一起劳动和唠家常式的交流,实践团拉近了和村民之间的距离,并通过与村委工作人员进行深入交流,确定了接下来要展开的工作。

图2　参与农事实践

图3　团队与村委沟通交流

三、挖掘历史底蕴,推动乡村文化建设

根据调研,乐政务村有着极为丰富、有待挖掘的历史宝藏,乐政务村历史可追溯至秦末汉初,是古代平谷至密云传邮路的驿站。其中标志性古建筑九圣寺、一级保护古树百年旋风金丝柏是最有特色的代表,机材青年实践团根据村委的介绍,以这两项为着力点,开展系列宣传工作,充分结合乐政务村历史底蕴,打造专属品牌logo,为后期拓宽宣传渠道和做新形式零售打下基础。目前市场对于品牌文化有

图4　九圣寺

图5　旋风金丝柏

很高的认可度,实践团在参与乡村 IP 宣传工作过程中感受到村民的支持与期盼,这也促使成员们以更大的热情参与到工作中,相信通过历史底蕴和乡村品牌的相互融合、相互促进,会极大地改善乐政务村宣传不充分的现状。

四、拓宽宣传渠道,打造特色乡村 IP

在拓宽宣传渠道方面,机材青年实践团选择从内外结合的角度入手。对内,参与编写《村规民约新编》,对原有村规民约内容和村民手册进行汇总整理,相比原版更加朗朗上口,同时创新宣传形式,以音频模式在村内每日播放,为乡村建设注入源源不断的精神动力,使村庄 IP 的打造先在村民层面得到广泛认可。对外,拓展电商渠道的同时打造乐政务村的 IP,在大量学习了成功案例先进经验后,从包装设计、售卖方式、售卖渠道多个方面拓展电商这一时下最热门的助农渠道。在机材青年们的共同努力下,实践团所做的乡村 IP 宣传工作推送累计浏览量超过 2 000 次。

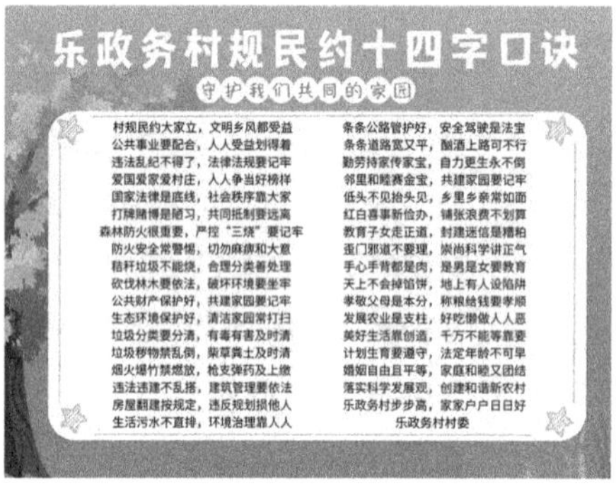

图 6 《村规民约新编》(团队改编)

图 7 IP 打造、公众号推送

五、发挥专业优势,助力乡村发展

在借鉴优秀经验的同时,实践团也在思考,所在乡村的特色在哪里、成员们的所学所长有没有发挥出来。一路上团队成员积极利用专业特长打造了乐政务村的 logo、品牌,设计了农产品的新型包装外观,积极打造文化墙系列作品。同时,与党委、团委老师积极协调设计完成的落地工作,8 月下旬将由所在学院设计专业学生完成近百米的文化墙设计,并将建立红色"1+1"平台,建立助力乡村建设的长效机制。

图 8　乐政务村 logo

图 9　新型包装外观

图 10　文化墙设计

六、成果总结

2023 年 8 月 11 日,“走进平谷农业中关村　服务首都乡村振兴”“千人百村”大学生暑期社会实践活动画上圆满句号。北方工业大学机械与材料工程学院“材更精彩”机材青年实践团在平谷区王辛庄镇乐政务村开展为期 1 个月的社会实践,取得丰硕的实践成果。实践团获评“优秀团队”,实践成果受到乐政务村村民、乐政

图 11　平谷融媒体采访

务村委干部、王辛庄镇领导及平谷区领导的高度认可,平谷区融媒体多次采访报道。

在实践总结座谈会上,实践团队长李苇烨作为学生代表发言。她说:“在这次社会实践中,我切身地感受到乡村振兴带来的发展巨变,未来,我定将在学思践悟中厚植爱农情怀,练就兴农本领,把论文写在田野大地上,为发展乡村振兴事业贡献自己的青春力量。”

(机械与材料工程学院走进平谷农业、服务乡村振兴实践团

团队成员:李苇烨 郭子坤 齐浩智 谢欣芸)

“京豫携手”弘扬红旗渠精神

一、初心引领

为学习宣传贯彻党的二十大精神，传承红色基因，弘扬红旗渠精神，我校与郑州工程技术学院联合开展“京豫携手”弘扬红旗渠精神社会实践活动。本次社会实践活动旨在加强两校学生爱国主义教育，希望同学们在参观学习、实地调研、交流研讨中深刻学习领悟“自力更生、艰苦创业、团结协作、无私奉献”的红旗渠精神，夯实信仰之基、铸牢思想之魂，将理论学习与实际工作相结合，增强自身本领，提高学生综合素质。

二、实践历程

本次社会实践围绕红旗渠精神，开展参观学习、影像教学、实地考察、社会调研、交流汇报等相关活动，让大家深刻体会红旗渠十六字精神内涵，用心感悟习近平总书记的教诲，以红旗渠精神为课本，上好这堂行走的思政课。

（一）启动仪式

7 月 18 日，社会实践活动启动仪式在林州市红旗渠举行，两校党委书记及我校党委常委、副校长出席仪式，两校教务处、团委负责人及实践团成员 50 余人参加此次仪式。

图 1　2023 年 7 月 18 日“京豫携手”弘扬红旗渠精神暑期社会实践活动启动仪式

（二）参观学习

启动仪式结束后，校领导带领实践团走进红旗渠纪念馆，重温“人工天河”红旗渠修建的艰辛历程。一渠绕群山，精神动天下。纪念馆内一幅幅图片、一件件实物，生动再现了党领导林县人民群众造渠引水、“重新安排林县河山”的英雄气概，师生们边听边看边思考，不时驻足学习询问，与历史进行了一场“心灵对话”。20 世纪 60 年代，为了彻底改变林县地区（今林州市）数千年来严重缺水的历史，勤劳勇敢的林州人民苦战 10 个春秋，仅仅靠着一锤、一铲、两只手，在太行山悬崖峭壁上修成了全长 1 500 千米的举世闻名“人工天河”红旗渠，成功将漳河水引入林县，结束了林县地区干旱的面貌，极大改善了当地群众的生产生活环境，由此孕育了伟大的红旗渠精神。

图 2　校领导带领实践团参观红旗渠纪念馆

走出纪念馆，校领导和实践团沿干渠而行，拾级而上，实地感受林县人民在太行峭壁之上修建红旗渠总干渠咽喉工程的艰辛壮举。在创业洞前重温红色记忆，在团结洞旁感受团结力量，在曙光洞边聆听奋斗故事，经过一路跋涉来到青年洞，抬头是笔直陡峭的悬崖，扶手是纵深百米的峡谷，鲜艳的中国共产党党旗悬挂在山边的岩石上焕发耀眼的光芒。

图 3　实践团重走红旗渠修建之路

(三)实地调研

习近平总书记希望广大青年用脚步丈量祖国大地,用眼睛发现中国精神,用耳朵倾听人民呼声,用内心感应时代脉搏。为使广大青年学生深入参与乡村振兴战略,充分发挥自身优势为乡村建设建言献策,把青春力量融入国家发展大局,我校暑期社会实践团来到河南林州,深入脱贫村走访调研,以青年的视角和思维,为加快农业农村现代化贡献智慧。

在马家岩村,实践团参观了新修的水利工程以及为发展旅游业而建的民宿,村委会崔老师介绍了村子的基本情况和今后的发展思路。实践团还深入村子内部,仔细了解当地的村容村貌和风俗习惯,感受村子从贫穷到小康的发展历程,并针对不同条件为每家每户的致富之路提出建议。

图 4　实践团在马家岩村进行实地调研

在庙荒村村史馆,实践团学习了村子的历史和全村人脱贫致富奔小康的奋斗史,深刻感悟村子产业振兴、文化振兴的光辉历程。实践团还同村民深入交流,共话村中发展。

最后实践团体验了当年修筑红旗渠使用的独轮车,共同回忆老一辈人艰苦奋斗的修渠历史,回顾新一代庙荒村村民为打赢脱贫攻坚战而付出的艰辛努力。

图 5　实践团在庙荒村进行实地调研

三、实践成果

此次实践活动促进了我校与郑州工程技术学院之间的合作与交流,实践团成员间建立起了良好的合作关系,增进了相互间的了解与友谊,并在参观、学习、研讨中拓宽了视野与思路。此外本次社会实践活动被央视"东方时空"报道,取得了令人满意的成果。

四、感悟与收获

红旗渠精神是我们学习贯彻习近平新时代中国特色社会主义思想的鲜活教材,实践团用心上好这堂行走在红旗渠上的思政课,深刻体会红旗渠精神,用心感悟总书记谆谆教诲,年轻一代要继承和发扬吃苦耐劳、自力更生、艰苦奋斗的精神,摒弃骄娇二气,像我们的父辈一样把青春热血镌刻在历史的丰碑上。同时,我们以此次实践活动为契机,用红旗渠精神滋养初心、淬炼灵魂,自觉做新时代的奋进者和搏击者,践行新时代中国青年在实现民族复兴征程中砥砺奋进的使命担当。

实践团成员一致认为身为新时代的北方工大学子,要大力传承和弘扬红旗渠精神,从中汲取思想养分、夯实信仰之基,不断练就自身过硬本领,切实凝聚起实现民族复兴的磅礴伟力,在实现第二个百年奋斗目标新征程上践行新时代青年人的时代使命与责任担当。青年大学生更要积极响应党和国家号召,到祖国最需要的地方去,在助力乡村振兴的生动实践中增长知识、锻炼才干、培养韧性,为推动乡村振兴注入更多活力,以青春之我奉献青春之祖国。

(校团委"京豫携手"红旗渠精神实践团
团队成员:史鉴妮 王杰 池亚如 袁一宁 张震 李楠
任健伍 梁铭玉 赵翊洋 任雅琪 白婕 张家豪 许沉悠
吴鸿宇 张睿斯 马春洋 胡昕怡 崔骏 喻言)

科技赋能　把科技创新写在祖国西部大地上

习近平总书记勉励青年,"希望你们用脚步丈量祖国大地,用眼睛发现中国精神,用耳朵倾听人民呼声,用内心感应时代脉搏,把对祖国血浓于水、与人民同呼吸共命运的情感贯穿学业全过程、融汇在事业追求中。"2023 年暑期,由信息类专业研究生和本科生组成的"雷励风行"科创助力西部暑期社会实践团队在学院团委书记杨和家、辅导员王免的带队下,以"先进雷达成像安全监测预警技术"应用实践为线索,依托王彦平教授北京市创新团队"雷达成像安全监测预警技术"科研成果,从京西新首钢大桥出发,沿着新丝绸之路一路西行,履足内蒙古乌海,甘肃兰州、敦煌,青海茫崖等地,以实地调研,探寻先进雷达成像安全监测预警技术融入新丝绸之路经济带建设的路径;以"科技赋能扎根西部"为实践主题,探索信息类前沿科技服务于西部的新智慧、新可能;以学思践悟,感悟扎根祖国西部科技人才的精神内核、反哺科研创新和人才培养,把科技创新写在祖国西部大地上。

图 1　"雷砺风行"实践团合照

一、勤学苦研求真知,初心使命烙心间

(一)学习专业理论

活动伊始,实践团成员们即刻深入"雷达监测实验室",学习雷达监测原理、地质灾害防治基础知识和数据处理方法,了解相关的仪器设备和数据采集技术,掌握

如何正确安装和操作雷达设备，进行采集并记录相关数据。运用处理后的数据，进行雷达成像，生成图像或图表以展示目标物体的特征，根据成像结果分析结构物的状态和变化情况。

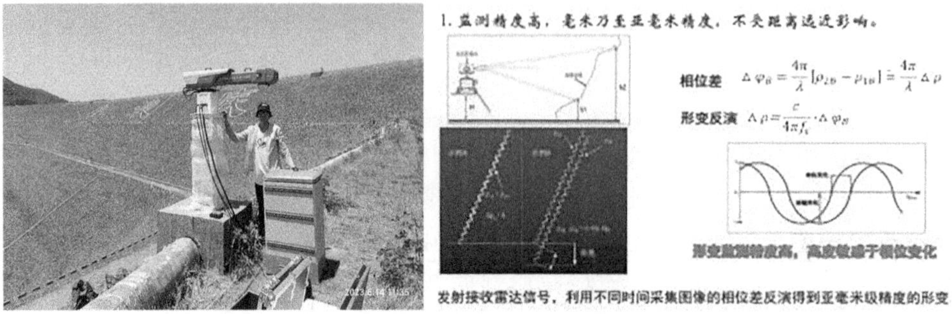

图 2　雷达边坡监测设备及其原理图

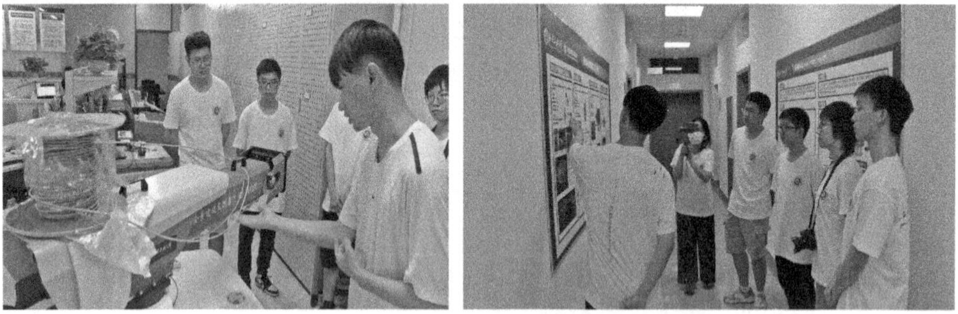

图 3　实践团在雷达监测实验室参观学习

图 4　实践团成员与指导老师进行学习讨论

(二)掌握实操技术

在新首钢大桥，实践团队深入了解振动监测雷达的工作情况，并采集监测数据进行分析。创新团队研发的振动监测雷达是具有高精度的扫描设备，可以扫描出每一根新首钢大桥的承载钢索的形变，在软件中生成相关的立体可视的三维图，通过图中不同的颜色就可以直观看出大桥的承载情况，即可以预测可能发生的危险。

图 5　实践团在新首钢大桥进行学习实践

实践团成员都深感科技实践充满了意义，于是自觉发起“青护京西——新首钢大桥及西部地质灾害亚毫米级雷达监测预警”行动，继续监测分析新首钢大桥的状况，并携带自主研发的便携式雷达监测设备前往 108 和 109 国道的控制性桥梁和灾害易发区域进行数据采集，监测桥梁形变，保护桥梁结构安全，监测山体滑坡和落石风险，采集数据样本，提供预警信息，守护京西大通道。

图 6　研究生组成员对 108、109 国道灾害易发区进行监测

二、躬身实践悟基层，淬炼青春正当时

一路西行，攀过高山，越过河流，涉足戈壁，砥砺风沙，采访调研，采集数据，思考方案，遇见的一个个人，聆听的一段段故事，不仅是一场科技创新探索之旅，更是一场精神上的洗礼。

（一）乌海乌黑，矿山满红旗

在内蒙古乌海煤矿场和煤炭博物馆，实践团成员广泛了解乌海煤炭产业的历史，聆听讲解、观看历史照片和实物文献等，深入学习多年前万名工人、干部和农牧民为了开展“夺煤运动”而日夜奔赴矿山的壮举。一支铁钎、一把铁锤，肩背手扛，先辈们在探索工业化道路上不懈奋斗的精神令人动容。

图7　实践团攀登山体研究当地地质环境

图8　实践团在煤炭博物馆参观学习

为了紧急调试雷达交付，我校王彦平教授带领师生数周坚守矿山现场，克服7级风和恶劣雨沙天气困难，保障了雷达设备按期投入稳定运行。师生在这一坚持中历经磨炼，培育形成了“实干担当”“能打硬仗”的科研作风。4月27日，北京市总工会召开“五一”新闻发布会，公布2023年首都劳动奖章评选结果，王彦平教授光荣入选。

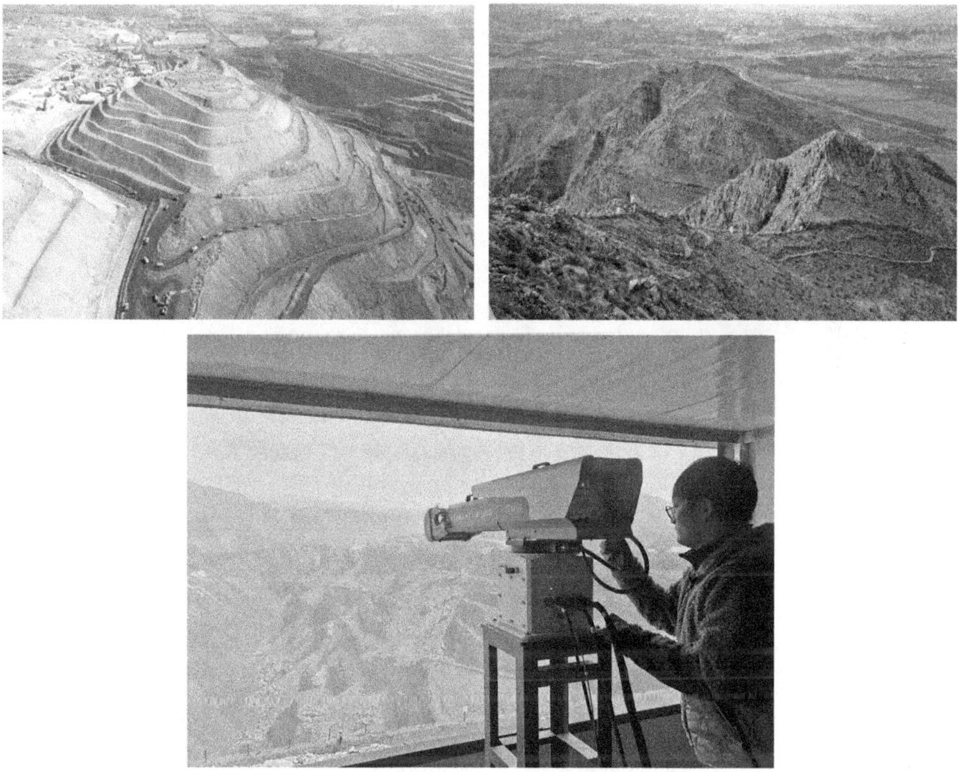

图9　雷达边坡监测设备坚守矿井

（二）冷湖不冷，火热号声响彻天

来到青海省冷湖石油基地，映入眼帘的是第一座卓然不群的石油抽油机、断壁残垣的高光时刻和面朝东方的冷湖四号公墓，这些无不在讲述着这个石油小镇的辉煌历史。实践团成员们表示，深刻认识到一代代石油人身体力行“祖国需要处，皆是我故乡”的铮铮誓言，深深敬佩前辈们将青春的汗水洒在祖国西部大地上的坚毅果敢。

图 10　实践团在青海第一座抽油机旁聆听先辈故事

图 11　实践团对当地地质进行调查拍摄

(三)大漠敦煌,千年一梦仍辉煌

循着茫茫戈壁沙漠的依稀轮廓,实践团走进河西走廊的璀璨明珠——敦煌,探索"21 世纪技术创新"与古老神秘城池"千年飞天梦"之间的联系。实践团成员先后探访了石窟、阳关、玉门关等遗址。建筑、雕塑、壁画三者结合的立体艺术,让人深刻感受到丝路文化的辉煌。同时,络绎不绝的游客和变化莫测的风沙天气,又让人泛起对文化遗产保护和开发的担忧。精度达到亚毫米级的震动雷达监测必将给文物保护带来新的有效手段,全天候的震动雷达监测将有利于发现文物破损状况和出现位置,并采取相应措施进行及时修复。实践团队期望通过无人机进行全景拍摄,辅以虚拟现实、增强现实手段,绘图和建模,构建一个立体的"数字石窟",将文物"保存起来",同时辅助旅游参观,减轻文物保护的压力,提升游客游览体验,促进文物保护和旅游开发的和谐统一。

图 12　实践团对文化古迹进行调查收集无人机数据

百年前,王圆箓守护国宝半世纪,由于时代条件的限制,王圆箓未能守护住国宝,留下了无尽的遗憾。百年后的我们将用科技与智慧做好历史文化瑰宝的保护和利用,并使其发扬光大。

三、实践激扬青春志，百折不挠向未来

脚踏实地，兴工报国。一场远赴祖国西部的学习实践，一场刻骨铭心的精神洗礼。实践团成员有感于祖国幅员辽阔，新时代的中国青年生逢其时，重任在肩；触动于一个个动人故事，新时代的中国青年施展才干的舞台无比广阔，实现梦想的前景无比光明。团队成员纷纷表示在今后的学习生活中，会坚定信念、锐意进取，学好知识，掌握本领，用青春的能动力和创造力激荡起民族复兴的澎湃春潮，用青春的智慧和汗水打拼出一个更加美好的中国。

图13 “雷砺风行”实践团

（信息学院“雷砺风行”科创助力西部实践团

团队成员：李佳兴 程海霞 赵纯慧 栾盈 刘真 周荣辉 李静 姬小雅 朱军 肖佑帮 张一 毛敏陈硕 轩博文 任鹏宇 赵甲萌 吕文兴 温心 汪嘉淳 赵新亚 王佩悦 汪济原 王莹 潘嘉俊 崔喜伟 韩宏伟）